Gerald Mackenthun

Fukushima

Gerald Mackenthun

Fukushima

Kernenergie ist beherrschbar

BoD

Gerald Mackenthun

Kernenergie ist beherrschbar

Herstellung nd Verlag:

BoD - Books on Demand, In de Tarpen 42, 22848 Norderstedt

Tel. Zentrale: +49 40 - 53 43 35-0, info@bod.de, www.bod.de

Copyright © 2011, 2014, 2016 Gerald Mackenthun, Berlin

Internet: geraldmackenthun.de

Für sachdienliche Korrekturen wäre ich dankbar: gerald.mackenthun@gmail.com

Hinweis: Dieses Buch wurde für interessierte Laien geschrieben. Auf viele argumentative Differenzierungen und physikalische Details wurde deshalb bewusst verzichtet. Eine wirkliche Durchdringung des Stoffes setzt ein eigenes Studium voraus. Erste Hinweise dazu finden sich im Quellenverzeichnis am Schluss des Buches.

1. Auflage Mai 2011;

verbesserte und erweiterte 2. Auflage Oktober 2014;

verbesserte und erweiterte 3. Auflage Oktober 2016.

Titelfoto © Tepco/Corporate Communications Department. Abdruck mit freundlicher Genehmigung.

ISBN 978-3-8448-0772-1

Die Deutsche Nationalbibliothek verzeichnet diese Publikation in der Deutschen Nationalbibliographie. Detaillierte bibliographische Daten sind im Internet über http://dnb.dnb.de abrufbar.

INHALT

Vorwort

„Atomenergie ist gefährlich!" Dazu mal eine Frage: Im Vergleich zu was? Im Vergleich zum Autofahren, zu anderen Stromerzeugungsarten, zum Rauchen? Und wie wird die Gefährlichkeit gemessen? In Verstrahlung, also Verletzung? Oder in Todesfällen? Oder an der Zahl der Evakuierten?

„Atomenergie ist nicht beherrschbar!" Ist es einzig die Atomenergie, die nicht beherrschbar ist? Oder sind auch andere Techniken nicht beherrschbar? Welche Techniken könnten denn als beherrschbar gelten? Und wie wird sie definiert, diese Beherrschbarkeit? Absolute Unfallfreiheit? Völlige Fehlerfreiheit vom ersten Spatenstich bis zur Demontage? Welche Technik könnte dazu als Beispiel angeführt werden?

Nein, die Argumentation der Kernkraftgegner ist absurd. Sie ist neurotisch fixiert auf eine Gefährlichkeit und auf eine Unbeherrschbarkeit, die so nicht existiert. Die Gegner bauten 30 Jahren lang einen Popanz auf, der jetzt demontiert wird. Sie schufen einen Teufel, eine Schimäre, die mit dem Ausstiegsbeschluss vom Sommer 2011 scheinbar exorziert wurde.

Die ganze Mühe ist umsonst. Denn Kernenergie ist nicht sonderlich gefährlich und sie ist beherrschbar. Gemessen in Verletzten, Toten und Evakuierten ist Kernenergie nicht gefährlicher als alle anderen Stromerzeugungsarten und deutlich weniger gefährlich als Rauchen, Autoverkehr, mangelnde Bewegung, Diabetes oder Übergewicht. In den gut 50 Jahren der kommerziellen Kernenergienutzung hat es gerade mal ein halbes Dutzend erwähnenswerter Unglücke und nur eine Katastrophe – Tschernobyl – gegeben. Die Kernschmerzen in Fukushima haben keine Strahlentote gefordert. Aber wie viele Menschenleben hat die Kohleverstromung auf dem Gewissen, wie viele sind an Staublunge eingegangen, welche enormen Flächen gingen wegen des Kohletagebaus für Jahrzehnte verloren?

Seit mehr als dreißig Jahren versorgen Kernkraftwerke uns überaus zuverlässig mit Strom. Sie sparen jedes Jahr so viel Kohlendioxid ein wie der gesamte Verkehrssektor emittiert, und sie sind im Gegensatz zur Kohle nicht Jahr für Jahr mit Tausenden von Todesopfern belastet. Die vorzeitige Abschaltung deutscher Kernkraftwerke ist unnötig und falsch.

ATOMUNGLÜCK IN JAPAN

Am 11. März 2011 wurden die Kernenergieanlagen der nördlichen Ostküste Japans in Höhe der Stadt Sendai von einem noch nie dagewesenen Erdbeben erschüttert. Die insgesamt 13 Meiler der drei Anlagen Onagawa (1 bis 3), Fukushima Daiichi (1 bis 6) und Fukushima Daini (1 bis 4) blieben fast gänzlich unbeschädigt stehen. Eine Stunde später brandete eine Tsunami-Welle von noch nie gesehener Höhe an. Bei den Reaktoren Onagawa 1-3, Fukushima Daini 1-4 und die zu Wartungszwecken stillgelegten Meiler Fukushima Daiichi 4 und 5 wurden Außenanlagen beschädigt, es gab aber keine Havarie. Doch in den tiefliegenden Reaktoren Fukushima Daiichi 1-4 fiel wegen Kurzschlusses die Pumpleistung sämtliche Kühlpumpen aus. Die Brennstäbe erhitzen sich, in drei Reaktoren schmolz der Kern und vermutlich in einem von ihnen auch der Reaktordruckbehälter. Die Stahlsicherheits-behälter und die Stahlbetonhülle hielten stand. Es trat vergleichsweise wenig Radioaktivität aus, die zudem fast vollständig in nächster Nähe der Reaktorblöcke niederging. In heroischen Anstrengungen versuchten japanische Techniker, die Kühlung der vier Reaktoren wieder in Gang zu setzen. Über 20.000 Menschen an der Ostküste Japans ertranken in der Riesenwelle, die im Durchschnitt zehn bis 15 Meter Höhe erreichte, in engen Buchten über 30 Meter.

Statt solidarisch die bewundernswert disziplinierten Japaner zu unterstützten, reagierte Deutschland auf eine gänzlich paradoxe Weise: Es wurden sieben ältere Kernkraftwerke abgeschaltet und der Ausstieg aus der Stromerzeugung durch Kernspaltung wurde politisch vorgezogen. Die CDU-FDP-Regierung kann sich dabei offenbar auf eine Mehrheit in der Bevölkerung stützen.

Die schon lange atomkritischen Deutschen hatte der Furor gepackt. Die Gegner der Kernkraft witterten und nutzten ihre Chance, die angeblich gefährliche und angeblich nicht zu beherrschende Atomtechnik vorzeitig auf den Müll zu werfen. Die Unsinnigkeit der Verknüpfung deutscher Kernkraftwerke mit japanischen Anlagen liegt auf der Hand. Bei Toyotas gibt es Probleme mit der Bremse? Alle Volkswagen stilllegen! Über 20 000 Ertrunkene und von Trümmern Erschlagene an Japans Ostküste, aber die deutschen Apokalyptiker wettern gegen ein technisches Unglück, das – soweit zu erkennen ist – bislang kein einziges Todesopfer gefordert hat. Zum Vergleich: Im Jahr 2011 starben

1,24 Millionen Menschen an den Folgen eines Verkehrsunfalls. Das sind 3.400 täglich. (Es wird hier die Gesamtzahl angegeben, da Kernkraftgegner auch jeweils die angeblich zu erwartenden, zusätzlichen Todesfälle für den Gesamtglobus hochrechnen.) Das Missverhältnis ist augenfällig. So lokal unangenehm ein solcher Unfall auch ist, bedeutet er doch mitnichten das Ende unserer Welt.

Die hoch entwickelte Industrienation Japan ist mit dem schweren Unfall in Fukushima keineswegs überfordert, wie Medien schrieben, obwohl es sich als extrem schwierig herausstellte, die vier Reaktorblöcke zu kühlen. Mit der vorhandenen und eilig herbeigeschafften Technik trotz zerstörter Infrastruktur einschließlich Straßen und Brücken wurde Schlimmeres verhindert. Bis Ende 2011, so rechnete der Betreiber Tokyo Electric Power Company (Tepco), könne Fukushima sicher gekühlt werden. Die Evakuierten würden bald zurückkehren können, sofern nicht die japanische Regierung dies aus übertriebener Fürsorge verbietet. Das alles kostet sehr viel Geld, aber nicht jene aus der Luft gegriffenen, astronomischen Summen, die im ersten Katastrophen-Schock von unberufener Seite genannt worden waren.

Die japanische Regierung verfügte eine 20-Kilometer-Sperrzone um Fukushima, um die Anwohner nicht einer kaum messbaren Gesundheitsgefährdung durch radioaktive Strahlung auszusetzen. Der 20-Kilometer-Radius um Fukushima herum entspricht in etwa der Größe West-Berlins. (Der Radius ist tatsächlich nur ein Halbrund, da die andere Hälfte aus Wasser besteht.) In diesem Halbkreis sollen sich 48 000 Haushalte befinden; ein Teil ihrer Bewohner wurden gegen ihren Willen evakuiert. Offenbar setzen sich immer wieder einige über das Verbot hinweg, um ihre Häuser, die ja allesamt unbeschädigt blieben (abgesehen die direkt an der Küste), zu besuchen und Gegenstände zu retten.

Drei Tage nach dem Reaktorunglück wurde von der japanischen Regierung eine 20- bis 30-Kilometer-Zone für eine „freiwillige Evakuierung" verfügt. Damit waren nun insgesamt 88.000 Menschen betroffen, davon 59.000 in der 20- bis 30-km-Zone. Von den 59.000 sollen dem Vernehmen nach die Hälfte die Region verlassen haben; der Rest blieb in ihren Häusern.

Was soll man tun, wenn man betroffen ist? Man räumt auf. Das scheinen die tapferen Japaner zu tun, während viele Deutsche die moralische Überlegenheit herauskehren und sich fragten, warum Japaner so selten vor der Kamera weinen? Warum sind sie so vernünftig, warum bleiben sie so ruhig? Warum machen die Arbeiter in Fukushima heldenhaft ihre notwendige Arbeit, statt gegen Atomkraft zu protestieren? „Die Atomapokalypse ist eine kollektive deutsche Phantasie", schrieb Kolja Reichert (am 9. Mai 2011 im Tagesspiegel Berlin, S. 23) anlässlich eines Besuchs in Japan zur Kirschblütenzeit. „Sie hat ihren Ursprung und ihren Sinn bei den Betrachtern, weniger bei den Betroffenen." Panik hilft niemandem, jedenfalls nicht in Japan. Dort konzentriert man sich auf das Notwendige. Sie jammern nicht; jammern gilt ihnen als Schwäche, die man den Mitmenschen nicht zumuten will.

Das geschah in Fukushima

Entgegen den von Greenpeace und den Grünen routinemäßig vorgetragenen Vorwürfen, Tepco würde verschweigen und die japanische Regierung sei unfähig, gab es wenige Wochen nach dem Unglück detaillierte Informationen über den Ablauf. Anders als beim Three Mile Island-Unglück 1979 und Tschernobyl 1986 war die Ursache des Fukushima-Unglücks ein äußeres Ereignis. Das Erdbeben und der Tsunami waren genau jene Besonderheiten, die Ingenieure im Bauplan des Kernkraftwerkes mit zu berücksichtigen suchten. Die daraus sich ergebenden Erkenntnisse werden ohne Zweifel die Sicherheit von Nuklearanlagen weiter erhöhen. Wären die Notstromgeneratoren nicht im Erdgeschoss, sondern im ersten Stock aufgebaut worden, wäre es nicht zu dem Desaster gekommen. Sie waren tief gebaut worden, um sie vor Flugzeugabstürzen zu schützen. Die vier Kernkraftwerke waren für sehr starke Beben ausgelegt, nicht aber für das stärkste jemals in Japan gemessene.

Am 11. März 2011 ereignete sich um 14:46 Uhr Ortszeit ein Seebeben von zwei Minuten Dauer 160 Kilometer vor der japanischen Ostküste mit einem Wert von 9.0 auf der Richterskala. Die Horizontalbeschleunigung war etwa 15 bis 25 Prozent größer als in der Kraftwerksauslegung vorgesehen. Im Kontrollraum von Fukushima Daiichi (d.h. Eins) fiel die Deckenverkleidung in Staubwolken herunter. Fünf Sekunden später lief die notfallmäßige und automatische Sofortabschaltung an. Kontrollstäbe schoben sich von unten zwischen die länglichen Brennelemente, um die Radioaktivität abzubremsen und die Hitzeproduktion zu drosseln. Die Resthitze blieb enorm, was kein Problem ist, solange Pumpen den Kühlwasserkreislauf aufrechterhalten können. Die reguläre Stromversorgung brach zusammen, auch weil externe Zuleitungen durch das Erdbeben ausfielen. Innerhalb von zehn Sekunden sprangen die zwölf Notstromdieselmaschinen an. Sie pumpten Seewasser in die sechs Reaktorblöcke und die sechs Abklingbecken auf dem Dach der Reaktoren. Alles schien zunächst unter Kontrolle. Das Gelände wurde evakuiert; nur eine Bedienmannschaft blieb in den Kontrollräumen.

Um 15:27 Uhr traf die erste Tsunamiwelle auf das Kraftwerk (aber nicht nur dieses Kernkraftwerk) mit einer Höhe von 13 bis 15 Metern. Die Flutmauer vor dem Kraftwerk mit einer Höhe von 7,50 Metern (nach anderen Angaben

5,70 m) war – anderes als bei anderen Kraftwerken an der japanischen Küste –
in den Jahren zuvor nicht erhöht worden. Die alten Reaktoren sollten gegen
Ende 2011 ohnehin stillgelegt werden. Die 10 Meter über dem Meeresspiegel
gelegenen Reaktorblöcke 1 bis 4 wurden bis zu 5 Meter tief überschwemmt;
die drei Meter höher erbauten Blöcke 5 und 6 nur bis zu einem Meter. Das
Wasser überschwemmte neun von zehn zentralen elektrischen Schaltstellen
und elf der zwölf laufenden Notstromaggregate. Sie fielen um 15:41 Uhr aus.
Ein Generator in dem abgeschalteten Block 6 überstand den Tsunami, weil er
in einem eigenen, höher gelegenen Gebäude untergebracht war. So überlebten
nur die Blöcke 5 und 6 das Geschehen unzerstört. Im übrigen Teil von
Fukushima I fielen die Elektrik, die Kontrollinstrumente und damit die Kühlung vollständig aus, nicht aber in Onagawa und nicht in Fukushima Daini
(d.h. Zwei). Um 15:42 Uhr meldet Tepco einen nuklearen Notfall an das an
das Wirtschaftsministerium. Die Behauptung von Umweltlobbyisten, Tepco
habe versucht, den Unfall zu vertuschen, ist eine Lüge.

Die nächsten fahrbaren Dieselgeneratoren waren 250 Kilometer weit entfernt.
Elf Lastwagen mit Generatoren wurden unverzüglich losgeschickt, blieben
aber im Verkehr stecken und wurden durch zerstörte Straßen aufgehalten. Um
16:36 Uhr informierte Tepco die zuständigen Behörden über den unklaren
Zustand in Block 1. In Block 2 und 3 funktionierte die Notkühlung noch mit
dem Dampf der Reaktoren selbst. Die Reaktoren 4, 5 und 6 gaben erst einmal
keinen Anlass zur Sorge.

Gegen 21:00 Uhr hatte die Bedienmannschaft von Block 1 mit Autobatterien
für Licht im Kontrollraum und Strom für die Kontrollinstrumente gesorgt.
Die Instrumente waren aber beschädigt und zeigten einen falschen, d.h. zu
günstigen Wert für den Kühlwasserstand in Block 1. Die Brennstäbe schmolzen und sackten auf den Boden des Reaktorkerns. Spätere Untersuchungen
ergaben, dass der Reaktordruckbehälter ab 23:00 Uhr beschädigt war. Hoch
radioaktives Wasser und Gase strömten in die den Druckbehälter umgebende
Schutzhülle.

Kurz nach Mitternacht erreichten die ersten Dieselgeneratoren von außerhalb
die Anlage. Da Schlamm und Trümmer das Gelände bedeckten, dauerte es
fünf Stunden, bis Arbeiter ein armdickes Stromkabel zum Schaltkreis von
Reaktor 1 gelegt hatten. Zugleich wurde mit einer der drei vorhandenen Feu-
erwehrspritzen (ein weiterer Spritzenwagen blieb auf der Fahrt stecken und

ein dritter wurde vom Tsunami beschädigt) das Gebäude 1 von oben mit Wasser gekühlt. Doch es war zu wenig und zu spät.

20:50 Uhr: Die Notfalleinsatzzentrale der Präfektur Fukushima verfügt die Evakuierung der Bevölkerung in einem Radius von zwei Kilometern um das Atomkraftwerk Fukushima I. Der Radius wird später auf 20 Kilometer erweitert.

Es kam zu Freisetzung von Wasserstoff in die Reaktorgebäude und zu Kernschmelzen in den Reaktoren 1 bis 3. Durch gezielte Druckentlastungen der Reaktoren gelangten radioaktive Stoffe in die Umwelt und wurden von wechselnden Winden in verschiedene Himmelsrichtungen weiter verteilt, vor allem in Richtung Meer. Vom 12. bis zum 15. März ereigneten sich Wasserstoffexplosionen in den Blöcken 1, 2, 3 und 4, die Wände und Gebäudedächer oberhalb und damit *außerhalb* der Schutzhülle beschädigten.

Durch das Erdbeben wurden fünf Mitarbeiter leicht verletzt. Ein weiterer brach sich beide Beine und einer erlitt einen Herzinfarkt. Zwei Personen wurden danach vermisst und drei Wochen später im Keller eines Turbinenhauses tot aufgefunden. Die Explosion im Dach des Reaktorgebäudes 1 am 12. März und der dabei entstandene Rauch verletzten vier Personen leicht. Ein weiterer Mitarbeiter erlitt an diesem Tag einen Schlaganfall. Durch die Explosion in Reaktordach 3 am übernächsten Tag wurden elf Personen leicht verletzt, darunter vier Mitglieder der Streitkräfte. Am 14. Mai wurde ein 60-jähriger Arbeiter beim Tragen von Material im Abfallentsorgungsgebäude bewusstlos und verstarb. Die Ärzte vermuten einen Herzinfarkt.

Am 24. März ignorierten drei Arbeiter, die Stromleitungen im Untergeschoss des Turbinengebäudes von Reaktorblock 3 verlegten, den Alarm ihrer Dosimeter und erhielten Strahlenbelastungen von 170 bis 180 Millisievert (mSv). Zwei von ihnen trugen keine Schutzstiefel und erhielten lokale Strahlendosen an ihren Füßen von 2.000 bis 3.000 mSv. Eine Untersuchung ergab, dass keine medizinische Behandlung notwendig war; eine Nachuntersuchung am 11. April durch das japanische Nationale Institut für Radiologische Wissenschaften war ohne Befund. Vom 11. bis zum 31. März waren nach Tepco-Angaben 92 eigene Mitarbeiter und 32 von Fremdfirmen Strahlungen und Kontaminationen mit einer Entsprechung von über 20 mSv ausgesetzt, davon 26 zwischen 150 und 200 mSv, acht zwischen 200 und 250 mSv und neun über 250 mSv. Bis Mitte Mai kamen nach staatlichen Angaben weitere neun Arbeiter mit einer Zusatzdosis von über 100 mSv hinzu.

Acht Monate nach dem schweren Reaktorunglück fuhren gut 30 Reporter, darunter vier Ausländer, in Schutzkleidung auf das Reaktorgelände. Vier verschiedene Atommeiler sind in unterschiedlicher Schwere beschädigt, der Reaktor 3 ist weitgehend zerstört. Der Kraftwerksbetreiber Tepco wollte mit der Besichtigung zeigen, dass er die Probleme am Reaktor im Griff hat. Auf dem Reaktorgelände arbeiten laut Tepco an Werktagen rund 3200 Menschen und am Wochenende die Hälfte.

Dies kann nur ein grober Überblick sein. Links zu ausführlichen Informationen siehe „Quellenhinweise".

DEUTSCHE WIRKLICHKEITSVERWEIGERUNG

Atomkraft bildet in Deutschland offensichtlich eine eigene Risikokategorie, in der der gesunde Menschenverstand ebenso wie das moralische Urteilsvermögen endabgeschaltet ist. „Fukushima" ist in Deutschland als Synonym für Mega-Katastrophe und „Super-GAU" eingegangen, trotz relativ geringer radioaktiver Freisetzung, relativ wenigen Verstrahlten und keinen Strahlen-Toten. Wie müssen erst Stromerzeugungstechniken angesehen sein, die wirklich gefährlich sind, die jährlich weltweit Hunderte, wenn nicht gar Tausende Todesopfer und Verletzte hervorbringen? Ihre Todesbilanz wird ignoriert – sie haben ja nichts mit Radioaktivität zu tun.

Wie zwanghaft blicken die Kernkraftgegner auf eine Handvoll Unglücke, die seit Beginn der friedlichen Nutzung der Kernspaltung weltweit stattfanden. Bei realistischer und seriöser Schätzung starben in den vergangenen vier Jahrzehnten kaum mehr als 100 Menschen durch direkte Strahlung – Tschernobyl eingeschlossen –, im Vergleich zu Tausenden bis Zehntausenden Toten und Verkrüppelten in den anderen Stromerzeugungsarten. Verlässliche globale Daten sind schwer zu bekommen, aber selbst wenn man Uranabbau und Brennelementeherstellung mit einbezieht, schneidet Stromerzeugung mittels Kernkraft gut ab, was Verletzte und Tote pro erzeugter Strommenge angeht. Die Wurstigkeit der Atom-Apokalyptiker gegenüber realen Risiken kann Angst machen, ebenso die übertrieben starke und eigensinnige Ausprägung der Angst vor Radioaktivität.

Blind gehorchen die Menschen den Einflüsterern aus grüner Politik, der Erneuerbaren-Energie-Lobby und der Medien. Sie unterwerfen sich den grünen Autoritäten und sind gleichzeitig überkritisch gegenüber der Industrie und ihren Vertretern. Sie tendieren dazu, Andersdenkenden rücksichtslos miese Motive zu unterstellen. Abweichende Meinungen machen ihnen Angst, ebenso wie Abweichungen vom eingeübten Ritual „Atomkraft ist gefährlich". Die neuen energiepolitischen Herausforderungen des 21. Jahrhunderts – wie Klimawandel und Erderwärmung, wachsende Abhängigkeit von Energieimporten aus politisch instabilen Regionen, steigende Energienachfrage bei steigender Bevölkerungszahl weltweit – haben bislang weder bei den Sozialdemokraten noch bei den Grünen zu einem Umdenken und einer kritischen Überprüfung der stereotypen Anti-Kernkraft-Rhetorik geführt. (An dieser Stelle soll nicht darauf eingegangen werden, dass es einige Argumente gegen die Existenz eines „Klimawandels" und einer „Erderwärmung" gibt. Wenn es ein CO_2-Problem gibt, so spricht alles dafür, es durch Kernkraftwerke zu minimieren. Sollte es kein CO_2-Problem geben, so sprechen die Ungefährlichkeit und die gute Umweltbilanz der Kernkraftwerke gleichwohl für deren Einsatz.)

Der Publizist und Historiker Arnulf Baring merkte in einem Vortrag anlässlich des 50. Geburtstags des Deutschen Atomforums im Juli 2009 in Berlin an, dass Sozialdemokraten und Grüne die erneuerbaren Energien grundsätzlich nach anderen Maßstäben beurteilen als die Kernenergie. „Während die Kernenergie einseitig verdammt wird, werden die erneuerbaren Energien mit einem positiven Vorurteil belegt, das viel mit Wunschdenken, aber wenig mit Realitäten zu tun hat. Warum wird von Sozialdemokraten und Grünen gleichzeitig verschwiegen, dass erneuerbare Energien wie die Photovoltaik, die Geothermie oder Biogas rund zehnmal höhere CO_2-Emissionen verursachen als die Kernenergie?"

Er sprach von einer „Wirklichkeitsverweigerung", die zur parteipolitischen Profilierung taugt, aber nicht zu einer rationalen Energiepolitik führt. „Wäre es nicht besser", fragte Baring, „vorurteilsfrei die Vor- und Nachteile der einzelnen Energieträger gegeneinander abzuwägen? Ist es nicht an der Zeit, hierüber eine offene und pragmatische Diskussion zu führen – jenseits parteipolitischer und ideologischer Grabenkämpfe?"

Zu spät. Die CDU und Bundeskanzlerin Angela Merkel hatten angesichts von Fukushima Panik bekommen und sprangen auf den Zug der Atomgegner auf. Der proklamierte übergesetzliche Notstand legitimierte sich durch eine angebliche Atomkatastrophe, die freilich weder in Deutschland noch in Japan passiert war. „Was dort [in Japan] stattgefunden hat", schrieb der Schriftsteller Ulrich Schacht, „ist, wie jeder wissen kann, eine zum Glück eher begrenzte Kernkraftwerkshavarie ohne einen einzigen Toten bislang – in der Konsequenz einer allerdings gewaltigen Naturkatastrophe mit Tausenden von Opfern..." (*Frankfurter Allgemeine Zeitung*, 28. Juni 2011).

Dessen ungeachtet wird Deutschland 2022 das letzte der funktionierenden und sicheren Atomkraftwerke abschalten, um in das Zeitalter der unsicheren und schwankenden Stromlieferungen einzutreten. Das wird uns Deutschen nicht wirklich wehtun, es wird weiterhin genügend Strom geben. Zu unsinnig hohen Kosten werden die Stromkunden ein winziges Risiko weniger fürchten müssen, während die tatsächlichen Risiken fortbestehen: Rauchen, Übergewicht, Diabetes, mangelnde Bewegung, hoher Cholesterinspiegel, Individualverkehr und Haushaltsleitern.

Die Mehrheit in Deutschland hat sich darauf versteift, Kernenergie als gefährlich einzustufen und abzuschaffen, und damit basta. Es hat wenig Sinn, gegen diesen Zeitgeist zu argumentieren. Dennoch scheint es richtig und vernünftig, noch einmal die Unsinnigkeit dieser angstgesteuerten politischen Entscheidung darzulegen. Sie wird viel Geld kosten und das Leben der Deutschen nicht sicherer machen. Unsere Nation wird vielleicht sogar einen technologischen Vorteil davon haben, indem erneuerbare Energietechniken beschleunigt entwickelt und eingesetzt werden. Deutschland wird auf diesem Gebiet Vorreiter bleiben. Auch nicht schlecht. Die Kosten aber werden immens sein.

Die Bürger wollen zwar teure Sicherheit, aber preiswertes Benzin. Sie wollen kaum Steuern bezahlen, aber schlaglochfreie Straßen. Sie wollen teure erneuerbare Energien, aber der Strom soll preiswert bleiben. Es wird Unmögliches erwartet. Man will sich sicher und frei zugleich fühlen. Das passt nicht zusammen. Es geht nicht um Leib und Leben, aber um unseren Wohlstand und um sehr, sehr viel Geld. Unsere EU-Nachbarn schauen uns ungläubig zu.

Was Fachleute schon vorausgeahnt hatten, trat dann im April 2011 bereits ein: Die Versorgungssicherheit in Deutschland wurde instabil. Die Stromnetze benötigen Wartungs- und Reparaturarbeiten. Diese unterbleiben, weil das Abklemmen von Leitungen zu einem größeren Stromausfall führen könnte. Seit dem Abschalten von acht Kernkraftwerken sei die Situation im deutschen Hochspannungsnetz kritisch wie nie zuvor, teilte die Bundesnetzagentur mit. Im Herbst und Winter 2011 könne es zu Stromausfällen kommen. Die Agentur sorgt sich vor allem um ein erhöhtes Risiko bei außergewöhnlichen Ereignissen wie beispielsweise extremer Kälte.

Diese trat dann auch tatsächlich im langen Winter zwischen November 2012 und April 2013 ein, aber nichts geschah. Vielleicht waren auch diese Warnungen nur Panikmache.

MESSUNGEN UM FUKUSHIMA HERUM

Eine Autofahrt innerhalb der 20-Kilometer-Sperrzone mit dem Geigerzähler samt Messergebnissen zeigt das Video „Inside report from Fukushima nuclear reactor evacuation zone" auf der Video-Plattform Youtube (siehe Quellenhinweis). In den Kommentaren von Betrachtern des Videos wird darauf hingewiesen, dass 1,5 Kilometer vor dem Reaktor, wo die Fahrt beendet werden musste, ein Wert von 112 Mikrosievert pro Stunde (μSv/h) gemessen wurde, was einer Jahresdosis von 980 Millisievert (mSv/a) entspricht. Das ist ungefähr das 500-fache der vorhandenen, natürlichen Radioaktivitätsbelastung.

Weit weniger Aufmerksamkeit erregt die Tatsache, dass das Messteam im Auto unbesorgt war und Witze machte und lachte. Die Messung 20 Kilometer vor dem Reaktor begann bei nur 1,25 μSv pro Stunde (ungefähr 11 mSv/a) und steigerte sich in drei Kilometer Entfernung zum Reaktor auf immer noch erstaunlich geringe 3,64 μSv/h (31,88 mSv/a). Das ist etwa das Zehnfache der natürlich aufgenommenen Strahlungsdosis. Ein Daueraufenthalt wäre hier gefahrlos möglich.

Das japanische Ministerium für Erziehung, Kultur, Sport, Wissenschaft und Technologie MEXT veröffentlichte am 19. April Zahlen von einzelnen Messpunkten in einem Umkreis von 20 bis 50 Kilometer um Fukushima herum. Der höchste Wert auf dieser Karte betrug 58,8 μSv/h, einige wenige Werte lagen um 30 μSv/h herum, die meisten Werte betrugen nur zwischen 0,5 und 1,5 μSv/h. Aus gesundheitlicher Sicht könnte die generelle Sperrung ohne weiteres aufgehoben und nur die „Hotspots" einige wenige Jahre lang für einen Daueraufenthalt gesperrt werden.

Siebzehn Tage nach dem Tsunami brandete noch einmal Panik auf. Es reichte ein einziges Wort: Plutonium. Man hatte es in Bodenproben vom 21. März auf der Anlage des Fukushima-Atomkraftwerks gefunden. Kaum ein Nachrichtensender, der den Fund nicht sorgenvoll verkündete, kaum eine Zeitung, die nicht alarmiert berichtete. Ein neuer Tiefpunkt des Unglücks in Japan schien erreicht. Tepco ließ erste Zweifel an der Gefährlichkeit des Plutoniumfundes aufkommen: „Die Konzentration von Plutonium ist gleich der Fallout-Belastung, die in Folge von Atmosphären-Atombombentests in der Vergangenheit in Japan beobachtet wurde", hieß es auf deren Homepage. Lediglich zwei der fünf Proben, die eine Woche zuvor an verschiedenen Stellen auf dem Fukushima-Gelände genommen wurden, würden womöglich Reaktorplutonium enthalten. Die veröffentlichten Messwerte zeigten nur einige Zehntel Becquerel pro Kilogramm Erdreich an – eine Größenordnung, wie man sie tatsächlich seit den Atombombentests der 1940er, 50er und 60er Jahre überall auf der Nordhalbkugel findet.

Dass diese Informationen von der ersten Welle der Berichterstattung nicht sonderlich zur Kenntnis genommen wurden, mag am hohen Aktualitätsdruck der Berichterstattung gelegen haben. Und niemand glaubte der Betreiberfirma, die wegen ihrer vermeintlich widersprüchlichen Informationspolitik in der Kritik steht. Mittlerweile bestätigte aber eine Analyse der Plutonium-Daten durch die Kölner Gesellschaft für Anlagen- und Reaktorsicherheit die Aussagen von Tepco. Demnach sind vermutlich nur geringe Mengen Plutonium aus den Reaktoren oder den Abklingbecken in die Umwelt gelangt. Als Schwermetall ist Plutonium giftig. Allerdings entspricht seine chemische Toxizität etwa der von reinem Koffein und ist geringer als die von Arsen oder Zyankali. Denn Plutonium sendet beim Zerfall hauptsächlich Alphastrahlung aus, welche die menschliche Haut nicht durchdringen kann. Sie kann den Menschen nur dann schädigen, wenn an Partikel geheftetes Plutonium in den Körper gelangt.

Erbarmungslose Fürsorglichkeit

Am 28. Juni 2011 erschien in der *Frankfurter Allgemeine Zeitung* („Japans Kommunen greifen zur Selbsthilfe", S. 6) einer jener typischen Artikel, deren wirre Argumentation geeignet ist, das Vertrauen in die Behörden und in die Kernenergie zu unterminieren. Ich möchte auf die Inhalte dieses fünfspaltigen, also recht ausführlichen Artikels eingehen, um noch einmal zu verdeutlichen (falls das überhaupt einen Sinn hat), wie unheilbar verkorkst die Denkweise von Journalisten und auch politisch-staatlichen Akteuren in Bezug auf Niedrigstrahlung war und ist.

Zunächst ein paar Grundlagen, sonst versteht man das Folgende nicht. Ich zitiere aus „Die Panik-Macher" von Walter Krämer und mir (PiperVerlag, München 2000): „Um die reale Gefährdung durch Katastrophen [auch eine wie Fukushima] abschätzen zu können, sollte diese zusätzliche radioaktive Belastung in Beziehung gesetzt werden zur natürlichen Strahlenbelastung des Menschen aus dem Weltraum und aus dem Boden. Aus natürlichen Quellen nimmt der deutsche Durchschnittsmensch 2,4 Millisievert (mSv) pro Jahr auf. Die Strahlung stammt aus dem Weltraum (0,3 mSv), aus dem Boden (0,4 mSv) oder wird mit der Nahrung (0,3 mSv) und über das Einatmen von Radon und Radon-Folgeprodukten (1,4 mSv) aufgenommen. Dieser Wert hat sich für Deutschland über die Jahrzehnte nicht verändert. In anderen Ländern werden erheblich höhere Werte für die natürliche Strahlenexposition ermittelt; in Finnland liegt die mittlere Jahresdosis je Einwohner wegen Radon aus dem Boden bei 7,5 mSv, in Spanien bei 5,25 und in Großbritannien bei 1,5 mSv pro Jahr. Damit ist die Menschheit groß geworden" (S. 286f.). Das aus dem Boden aufgenommene Radon kann sich je nach Region halbieren oder verdreifachen, ohne dass es eine Korrelation mit der Krebshäufigkeit gäbe. Größere Populationen in Brasilien und Indien/Kerala erhalten durchschnittliche Ortsdosen von 15 mSv pro Jahr.

Hinzu kommen die künstlichen Strahlenquellen: Derzeit 0,02 mSv pro Jahr aus Tschernobyl, 0,01 mSv aus den Atombombentests vergangener Jahrzehnte, 0,01 mSv aus Forschung und Industrie und deutlich weniger als 0,01 mSv aus kerntechnischen Anlagen.

Nun muss man die Wirkung betrachten, und zwar auf zweierlei Art: die deterministische und die stochastische. Die deterministische ist jene, die sich sicher einstellt, wenn bestimmte Schwellenwerte überschritten werden. Die stochastische Wirkung ist die zufällige, die nur mit epidemiologischen Erhebungen an großen Bevölkerungsgruppen abgeschätzt werden kann. Aus Hiroshima und Nagasaki und anderen gut untersuchten Populationen ist bekannt, dass bei 4000 mSv Energiedosis nur 50 Prozent der Betroffenen überleben, 6000 mSv fast niemand mehr. Eine Verdoppelung der Mutationsrate bei der Zellteilung wird ab 1000 mSv angenommen, aber das sagt nicht viel, weil der Körper über eigene DNA-Reparaturmechanismen verfügt bzw. mutierte Zellen selbständig aussondert.

Die maximal zulässigen effektiven Dosen bei radiologisch oder kerntechnisch beruflich tätigen Personen betragen laut deutschem Gesetz 20 mSv pro Jahr. Das heißt, wer in kerntechnischen Anlagen mehr als 20 mSv/a zusätzlich angesammelt hat, darf in radiologisch belasteten Räumen nicht mehr arbeiten. Der Abstand zu bedenklich erhöhten Mutationsraten bei der Zellteilung beträgt das 50-fache. Kleinste, auch natürliche Dosen können rechnerisch schwere Schäden (genetische Missbildungen bei Kindern und Entstehung von Krebs) hervorrufen, wenn auch mit geringster Wahrscheinlichkeit. Von den japanischen Atombombenopfern weiß man, dass bei einer Dosis von 1000 mSv pro Person in einer größeren Personengruppe mit fünf zusätzlichen Todesfällen pro 100 Personen als Spätfolge zu rechnen ist. Die durchschnittliche Krebserkrankungsrate steigt unter dieser relativ schweren Kontamination von etwa 20 bis 25 auf 21 bis 26,25 Prozent. Das liegt innerhalb der natürlichen Schwankungsbreite. Eine Dosis von 200 mSv direkt auf die Gebärmutter verdoppelt die Fehlbildungsrate auf drei Prozent aller Geburten.

Noch einmal: Wir reden hier von einer statistisch (stochastisch) leicht erhöhten Krebsrate ab einmalig 1000 mSv zusätzlich zu einer natürlichen Strahlendosis von 1 bis 6 mSv pro Jahr. Die maximale erlaubte Jahresdosis für beruflich strahlenexponierte Personen beträgt wie gesagt 20 mSv, über ein Berufsleben dürfen insgesamt nicht mehr als 400 mSv zusammenkommen. Für die normale Bevölkerung existiert ein „Warnwert" von 1 mSv zusätzlich, d.h. ohne natürliche Strahlung und medizinische Röntgen-Maßnahmen. (Zum Vergleich: Die Strahlendosis einer Ganzkörper-Computer-Tomographie beträgt etwa 10 mSv.) Der Warnwert bedeutet nicht, dass darüber irgendeine

Gefährdung beginnen würde. Die Politik hat sich mit dem Wert von „natürlicher Strahlung plus 1 mSv" einer Selbstverpflichtung unterworfen, vorbeugende Maßnahmen zu ergreifen, damit dieser unbedenkliche erhöhte Wert nach Möglichkeit nirgendwo überschritten wird.

Nach dieser langen Vorrede nun zum erwähnten Artikel. Dessen Hauptinhalt ist die Anschuldigung, die japanische Zentralregierung sei sowohl unwillens als auch unfähig, die Bevölkerung durch Radioaktivitätsmessung zu schützen. Daher der Titel „Japans Kommunen greifen zur Selbsthilfe". Die Details der Selbsthilfe rufen freilich den Eindruck hervor, dass die kommunalen Behörden nicht so richtig wissen, was sie da eigentlich tun.

Die Gemeinde Kawaguchi, 150 Kilometer von Fukushima entfernt, habe den „Grenzwert für die zulässige Strahlenbelastung für Kinder" auf 0,31 Mikrosievert (μSv) festgesetzt. Es wird vermerkt, dass dieser Wert „deutlich niedriger" als der der Regierung in Tokio sei. 20 Zeilen später heißt es, die japanische Regierung habe den Eingreifwert für Kinder auf 1 Millisievert (mSv) pro Jahr gleich 0,11 μSv pro Stunde gesenkt. Diese 0,31 μSv entsprechen einem kumulierten Jahreswert von 2,7 mSv – wenn man ihm denn ausgesetzt wäre. Denn die Belastung ging seit dem Tag der Katastrophe drastisch zurück. Das heißt, eine Belastung selbst des Hundertfachen von 0,31 μSv pro Stunde ist unbedenklich, wenn man ihr für nur einige Wochen ausgesetzt ist. Die 2,7 mSv entsprechen in etwa der natürlichen Strahlenbelastung. Der Artikel von Petra Kolonko, der politischen Korrespondentin für Ostasien, teilt mit, was die lokalen Behörden zu tun gedenken, wenn stunden- oder tageweise eine Verdoppelung der natürlichen Strahlenbelastung gemessen wird: Spielplatzverbot!

Auch anderswo reagierten die Behörden auf „private Messungen", die höhere Messergebnisse erbracht hätten als die amtlichen. Wie zuverlässig sind diese privaten Messungen? Und werden wieder nur die Spitzenwerte veröffentlicht und die harmlosen Werte unter den Tisch gekehrt? Leben an den Messstellen überhaupt Menschen? Wir erfahren es nicht. Angeblich wurde in Tokio nur an einer einzigen Stelle die Radioaktivität der Luft gemessen. Das klingt so, als ob die japanischen Behörden die Bevölkerung vorsätzlich im Stich ließen. Die Funde von weiteren Hotspots in der weiteren Umgebung von Fukushima sind nicht verwunderlich; die Verteilung ist wegen der hügeligen Landschaft sehr ungleichmäßig. Die punktuellen Messungen sagen zudem nichts aus über die Jahresbelastung. Der Alarmwert von 20 mSv und mehr würde ja nur erreicht, wenn die radioaktive Belastung kontinuierlich stattfände, was nicht der Fall ist. Bereits am 17. März, vier Tage nach dem Unglück war die gemessene Radioaktivität am Haupttor der Fukushima-Anlage auf fast Null gefallen.

Die ebenfalls an der Küste gelegenen Kernkraftanlagen Fukushima II (Daini) und Onagawa überstand Erdbeben und Flutwelle wie erwähnt gänzlich unbeschadet. Sie hatten entweder eine höhere Tsunami-Schutzmauer oder lagen höher über dem Meeresspiegel. In Fukushima I hatte man wegen der ins Auge gefassten Schließung der alten Anlage darauf verzichtet, die Tsunami-Mauer zu erhöhen. Den anderen genannten Kraftwerksanlagen konnte das stärkste jemals gemessene Beben und die höchste jemals erlebte Tsunamiwelle nichts anhaben. Und diese Technik soll „unsicher", „gefährlich" und „nicht beherrschbar" sein?

Weitere Details, zum Beispiel über die Ganzkörpermessungen an Bewohnern Nordfukushimas, lassen Zweifel aufkommen, ob die Behörden wirklich so untätig sind, wie auch weitere Artikel Kolonkos suggerieren. Die Bewohner seien einer inneren Strahlenbelastung von im Schnitt zusätzlich 3,2 mSv ausgesetzt gewesen, „das wäre dreimal so hoch wie der von der Internationalen Kommission für Strahlenschutz festgesetzte jährliche Grenzwert".

Das ist nicht ganz richtig, man könnte auch sagen, es ist falsch. Der von der Internationalen Kommission für Strahlenschutz festgesetzte und vom deutschen Strahlenschutzrecht übernommene jährliche Grenzwert von 1 mSv pro Jahr bezeichnet die maximale zusätzliche Aufnahme in der Gesamtbevölkerung (oder großen Bevölkerungsgruppen) über alle denkbaren Expositionspfade unter normalen Bedingungen einschließlich des Betriebs von Kernkraftwerken. Es handelt sich wie gesagt um einen Grenz- bzw. Eingreifwert, nicht um einen Höchstwert. Höchstwerte dürfen und sollen nicht überschritten werden. Grenzwerte sind Vorsorgewerte und sollten möglichst eingehalten werden; bei einer Überschreitung besteht keine Gesundheitsgefahr, aber staatliche Stellen sind aufgerufen, eine erhöhte Zusatzexposition auf unter 1 mSv/a zu drücken.

Wenn es also heißt, die Bewohner seien einer zusätzlichen Strahlenbelastung von 3,2 mSv ausgesetzt, was mehr als dreimal so hoch wie der Grenzwert ist, so heißt das nichts, außer dass die Behörden zu Gegenmaßnahmen greifen sollten, was in Japan ja auch unverzüglich geschah. Mit anderen Worten, der

Informationswert derartiger Zeitungsartikel tendiert gegen Null, der Aufregungswert aber ist hoch.

Tatsache ist allerdings auch, dass der (deutsche) Eingreifrichtwert für eine Umsiedlung beim Hundertfachen liegt. Die lokalen japanischen Behörden, die kopflos begannen, auf eigene Faust zu handeln und Grenzwerte freihändig zu vergeben, forderten einheitliche Angaben darüber, was gesundheitsschädlich ist. Gibt es kein Internet in Japan? Dort stehen alle Angaben, die sich vor allem auf die Erfahrungen mit den Atombombenabwürfen und ihren Verheerungen beziehen. Frühestens ab 1000 mSv beginnt die ionisierende Strahlung in Einzelpersonen messbare Wirkung zu entfalten. Kein einziger Bewohner Japans, nicht einmal die Arbeiter in Fukushima, bekam eine Ganzkörper-Strahlendosis dieser Größenordnung ab.

Nicht die erhöhte Radioaktivität ist das Problem für die Bevölkerung, sondern die Angst, die geschürt wird, auch durch die Evakuierung. Viele zeigten und zeigen die zu erwartenden Stresssymptome, die einzige ernsthafte Gesundheitsbeeinträchtigung ist psychologischer Art: Angst, Wut (die sich in sinnlosen Aktionen äußert), Verzweiflung, Depression, Trauer, Panikattacken, PTBS, Schlaflosigkeit, Kopfschmerzen, erhöhter Zigaretten-, Alkohol- und Drogenkonsum, Stigmatisierung, Diskriminierung und Demütigung von Betroffenen, Opfern, Lebensmittelherstellern, Politikern und Kernkraftbetreibern. Die meisten benötigten emotionale Unterstützung. Besonders Kinder fürchteten sich vor Erdbeben und Tsunami. Erdbeben, Tsunami und Strahlung als Ursache steigender mentaler Probleme lassen sich nicht auseinanderhalten. Die öffentliche Kommunikation und Vermittlung des Strahlenschutzes nach einem Unfall ist sehr unbefriedigend und nach wie vor ein ungelöstes Problem. Die öffentlichen Rollen von Medien und der Anti-Atom-Lobby sind eine einzige psychologische Katastrophe.

Und es gab Selbstmorde. Kurz nach der Havarie nahm sich eine Frau das Leben, weil sie mit der Evakuierung nicht klarkam. Dreieinhalb Jahre später wurde die Betreiberfirma Tepco zu einer Schadensersatzzahlung an die Hinterbliebenen verurteilt.

Die kurze Meldung dazu in deutschen Zeitungen (FAZ, 26. August 2014) verwirrt. Wieso wurde Tepco verurteilt und nicht die japanische Regierung? Die Evakuierungsmaßnahmen wurden von der Notfalleinsatzzentrale der Präfektur Fukushima veranlasst und später von der japanischen Regierung ausgeweitet, nicht von Tepco. Die 50 Jahre alte Frau hatte sich aus Verzweiflung über ihre unsichere Zukunft mit Benzin übergossen und selbst in Brand gesteckt. Tepco musste umgerechnet 356.000 Euro an die Hinterbliebenen zahlen, obwohl die Firma nichts für Erdbeben und Tsunami kann. Anwälte sagten, sie freuten sich über das Urteil, weil man Tepco jetzt in weiteren Prozessen finanziell ausquetschen könne.

„Wie viel musste Deltawind bezahlen, als im Oktober [2013] zwei Mechaniker in einer Windturbine verbrannten", fragte FAZ-Leser Frank Wunderlich-Pfeiffer am 26. August 2014. Von dem Zwischenfall sei in Deutschland nichts zu hören gewesen. Zwei Mechaniker seien in einer Windturbine des Piet-de-Wit-Windparks in den Niederlanden gestorben. Ein 21-jähriger Mann sprang in Panik in die Tiefe, eine 19-jährige Frau verbrannte. „Es sind bei weitem nicht die ersten Todesopfer [der Windenergie]. Aber wieviel Entschädigung wurde dafür gezahlt", schrieb Wunderlich-Pfeiffer. „Ist aber auch egal. Es war schließlich keine Radioaktivität involviert, folglich ist der Fall anders zu beurteilen. Ohne Radioaktivität ist ein Tod nur ein Tod. Schmerzensgeld und weltweite Presseberichterstattung gibt es nur mit Radioaktivität."

Sterberate in Fukushima drastisch reduziert

In derselben dpa-Meldung vom 26. August 2014 wurden zwei weitere Zahlen genannt, die Erstaunen hervorrufen. Noch immer würden etwa 125.000 Bewohner Fukushimas in provisorischen Behelfsunterkünften leben, hieß es ohne Quellenangabe in der Meldung. Zwar sei durch die Nuklearkatastrophe in Fukushima niemand direkt ums Leben gekommen, doch etwa 3000 Menschen seien seit der Dreifach-Katastrophe (Erdbeben, Tsunami, Radioaktivität) „an den gesundheitlichen Folgen des Lebens in den Befehlsunterkünften gestorben oder entschieden sich für den Freitod".

Die Zahl der Evakuierten wird von Wikipedia mit 62.000 Menschen aus 27.000 Haushalten angegeben, das sind wesentlich weniger als die in der Agenturmeldung genannten. Möglicherweise zählte dpa die durch den Tsunami heimatlos Gewordenen mit. Zudem war schon im September 2011 die Evakuierung im 20- bis 30-Kilometer-Ring wegen Gefahrlosigkeit aufgehoben worden. Die Polizei meldete übrigens einen starken Anstieg von Einbrüchen in der Sperrzone.

Gehen wir trotzdem von 125.000 Menschen in Behelfsunterkünften aus. Die Sterberate beträgt über den Daumen gepeilt etwas weniger als ein Prozent pro Jahr. Nach dreieinhalb Jahren wäre also mit 4375 Verstorbenen zu rechnen. Da die junge Bevölkerung eher abwandert, um woanders ihr berufliches Glück zu suchen, und es eher die ältere Bevölkerung ist, die in der Nähe bleibt, müsste eigentlich mit einer etwas höheren Verstorbenenzahl gerechnet werden, sagen wir schätzungsweise 4500.

Die Agenturmeldung spricht aber nur von 3000 Verstorbenen (wobei nicht klar ist, ob es sich um zusätzlich Frühverstorbene oder um die Gesamtzahl der Verstorbenen handelt). Nehmen wir an, es handelt sich um die Gesamtzahl der Verstorbenen unter den Evakuierten, so müsste die Überschrift nach den sensationslüsternen Standards einer Nachrichtenagentur nunmehr lauten: „Sterberisiko in Fukushima drastisch reduziert. – Nach der allgemeinen Sterblichkeitsrate wären unter den Evakuierten 4500 Sterbefälle zu erwarten, tatsächlich waren es aber nur 3000. Experten gehen von einem hohen protektiven Gesundheitseffekt durch die zusätzliche Fukushima-Radioaktivität aus."

Man könnte die Meldung also auch so interpretieren, dass die leicht erhöhte Radioaktivität um Fukushima herum einen ausgesprochen günstigen Gesundheitseinfluss ausübt. Das wird natürlich niemand im Ernst so sagen. Genauso wenig aber sollte man ein erhöhtes Sterberisiko durch leicht erhöhte Radioaktivität behaupten. Möglicherweise stimmen die Zahlen der dpa-Nachricht sogar, vielleicht weil die evakuierte Bevölkerung – was tatsächlich der Fall ist – unter verstärkter medizinischer Beobachtung und Betreuung steht.

Weniger Schilddrüsen-Anomalien in Fukushima

Am 27. Februar 2013 schockierte eine Kurzmeldung des Wiener *Standard* die Kernkraftkritiker. Bei Untersuchungen von Kindern und Jugendlichen in der japanischen Präfektur Fukushima habe sich eine „extrem hohe Schilddrüsen-Anomalie" gezeigt, berichtete die Zeitung unter Berufung auf die österreichische Umweltschutzorganisation „Global 2000". Von den 133.089 Untersuchten hätten 55.592 oder 41,8 Prozent Zysten und Knoten in ihrer Schilddrüse – teilweise bis zu einem Durchmesser von mehr als zwei Zentimetern. Der normale Durchschnitt liege bei 1,5 bis drei Prozent, erläuterte Reinhard Uhrig, Atomexperte von Global 2000. Grund für die exorbitanten Schilddrüsenveränderungen sei natürlich die erhöhte Radioaktivität durch die Havarie der Fukushima-1-Reaktoren.

Das Schöne am Internet ist, dass Informationen aus aller Welt überprüft werden können, ohne das heimische Büro verlassen zu müssen. Um die Meldung zu verstehen und richtig zu interpretieren, reicht es allerdings nicht aus, nur Atomexperte zu sein, man muss auch Schilddrüsenexperte sein.

Interessant für unser Thema (Schilddrüsenuntersuchungen an Kindern in der Präfektur Fukushima) ist die geschätzte zusätzliche radioaktive Dosis in verschiedenen Alterskohorten (Quellen siehe „Quellenhinweise"). Abgeschätzt wurde die Zusatzdosis für 45.728 Kinder im Alter zwischen 0 und 9 Jahre und 37.757 Jugendliche zwischen 10 und 19 Jahre. Rund 90 % der bis 19-jährigen Kinder und Jugendlichen erhielten demnach eine Zusatzdosis bis 2 mSv, lediglich 2 Jugendliche erhielten über 10 mSv. In keinem Fall reicht das aus, „Schilddrüsen-Anomalien" hervorzurufen.

Die Präfektur Fukushima selbst hatte die Ergebnisse der Reihenuntersuchungen im Internet veröffentlicht. Sie liegen auf japanisch und in einer Kurzfassung auf Englisch vor. Die von Global 2000 übernommenen absoluten Zahlen stimmen. Doch die niedrigen aufgenommenen Dosen stehen in keinem plausiblen Zusammenhang mit der scheinbar hohen Zahl von Personen mit Zysten und Knoten.

Das medizinische Fachwissen zu Schilddrüsenerkrankungen lautet in etwa so:

Struma wird eine unspezifische Vergrößerung der Schilddrüse genannt. Sichtbare Strumen nennt man Kropf.

Zysten sind flüssigkeitsgefüllte Hohlräume. Sie sind bei Kindern selten, mit steigendem Alter nimmt ihre Zahl in allen Körperteilen zu. Zysten spielen für die Abschätzung einer malignen Entwicklung in der Schilddrüse keine Rolle.

Knoten ist Gewebe, das wächst. Sie sind ab etwa 1 cm Durchmesser von außen tastbar. Im Ultraschall sind Knoten ab 2–3 mm erkennbar, bei neueren Geräten, wie sie in Fukushima eingesetzt wurden, ab 1 mm. Alle Knoten unter 1 cm werden medizinischerseits als nicht relevant angesehen. 95 % der Knoten bei Kindern sind gutartig. Sie von malignen Knoten zu unterscheiden ist medizinisch schwierig und stellt eine Herausforderung für die Untersucher dar.

Knoten müssen interpretiert werden. „Heiße" Knoten erscheinen rot im Sonographie-Bild. Das deutet auf vermehrte Hormonabgabe, erhöhte Jodspeicherung und erhöhte Aufnahme von Radioaktivität hin. In „kalten" Knoten fehlt die Aktivität. Es sind funktionslose Zellareale, die keine Hormone mehr produzieren. In etwa fünf von 100 Fällen handelt es sich beim *kalten* Knoten um eine Krebsgeschwulst. Deshalb müssen kalte Knoten weiter untersucht werden. Es kann sich um Zysten, eine gutartige Wucherung oder um bösartigen Krebs handeln. Gewebewucherungen können verschiedene Ursachen haben, beispielsweise Jodmangel (in Jodmangelgebieten) oder gutartige oder bösartige Krebswucherungen. Japan mit einer reichhaltigen Fischnahrung gilt nicht als Jodmangelgebiet. Diese Ursache scheidet also aus.

Die Zysten und Knoten werden als „Anomalien" bezeichnet. Der Begriff Anomalie wird von Global 2000 nicht definiert, vielleicht weil er eindeutig erscheint. Methodisch gesehen ist kein Körper jemals völlig gesund, praktisch jeder Körper hat „Anomalien". Zysten treten in allen Organen auf, irgendein kleineres oder größeres Gefäß ist immer verstopft und jeder von uns hat sicherlich bereits eine kleine krebsartige Wucherung irgendwo im Körper. Je älter man wird, desto wahrscheinlicher sind „Anomalien". Es müsste in Betracht gezogen werden, dass bei jeder größeren Untersuchung an bisher unauffälligen Gruppen möglicherweise Zysten und Knoten gefunden werden, die ohne Untersuchung unerkannt geblieben wären.

Zysten, auch große, stellen medizinisch kein Krankheitszeichen dar. Knoten kommen wesentlich seltener vor als Zysten. Medizinisch gesehen können Knoten unter 5,0 bis unter 10,0 mm vernachlässigt werden. 99,0 % der untersuchten Kinder und Jugendliche in Fukushima weisen keine Knoten auf. 95 % der Knoten bei Kindern sind gutartig.

Epidemiologisch gibt es eine *lineare Korrelation* zwischen Zysten/Knoten und dem Alter: Je älter der untersuchte Mensch, desto größer die Wahrscheinlichkeit, Zysten und Knoten in der Schilddrüse zu finden. Die Prävalenz (Häufigkeit) beginnt praktisch mit dem ersten Lebensjahr. Auch Populationen von Kleinkindern sind nicht völlig frei Zysten und Knoten, unabhängig von radioaktiver Zusatzbelastung oder Jodmangel. Diese Aussage spricht gegen die Annahme einer radioaktivitätsinduzierten Erhöhung von Knoten bei Fukushima-Kindern. Im Alter von 60 Jahren haben 50 Prozent der Bevölkerung Knoten in der Schilddrüse, beginnend bei 0 Prozent im Säuglingsalter und 0,5-0,6 % bei 5- bis 16-Jährigen.

All dies in Rechnung gestellt, liegt die Prävalenz für Knoten über 5 mm *oder* Zysten über 20 mm bei den Kindern und Jugendlichen von Fukushima nach dem Fukushima-Unglück bei 0,5 bis 0,6 Prozent. Das entspricht fast exakt den epidemiologischen Ergebnissen aus anderen Ländern und früheren Zeiten. Die Prävalenz von Knoten über 5,0 mm (und Zysten über 20,0 mm) ist in Fukushima also nicht erhöht. Global 2000 hatte die Zahlen falsch interpretiert.

Die Japaner waren so klug, Reihenuntersuchungen in anderen Teilen Japans (Aomori, Nagasaki und Yamanashi) durchzuführen und die Daten mit Fukushima zu vergleichen. Die Reihenuntersuchungen in Japan belegen die bereits bekannte lineare Korrelation zwischen Knoten und dem Alter.

Die Schilddrüsen-Kontrolluntersuchungen zeigen im Vergleich zu den Fukushima-Untersuchungen allerdings eine *höhere Prävalenz* von Zysten und Knoten in Kindern, die weit entfernt von Fukushima wohnen. Hirosaki City in der Präfektur Aomori liegt 420 Kilometer von Fukushima Daiichi entfernt, Kofu City in der Präfektur Yamanashi 380 Kilometer und Nagasaki rund 1.480 Kilometer. Die Untersuchungen fanden zwischen November 2012 und März 2013 statt. Die Prävalenz von Knoten über 5 mm und/oder Zysten größer als 20 mm bei Kindern und Jugendlichen bis 19 Jahren betrug in den weitab liegenden Provinzen 1 %. In den Fukushima-Untersuchungen betrug dieser Anteil wie gesagt 0,5 bis 0,6 %.

Ein pfiffiger Reporter könnte daraus die Meldung destillieren, dass der Fallout in der Präfektur Fukushima einen protektiven Effekt auf die Schilddrüse habe.

Immerhin liegt die Häufigkeit von relevanten „Anomalien" in Schilddrüsen in Fukushima um 40 bis 50 Prozent unter dem Landesdurchschnitt. Ist die niedrigere Prävalenz in Fukushima zurückzuführen auf einen therapeutischen Effekt von leicht erhöhten Strahlendosen? Global 2000 und IPPNW ignorierten die beruhigenden Zahlen (Stand 18.06.2015). Die Schilddrüsen-Anomalie-Falschmeldung ist ein erneuter Beweis für die Manipulations- und Verunsicherungsversuche von Umweltlobbyisten und Medien.

Positiver Effekt geringer Strahlung

Wie eine niedrige zusätzliche Strahlenexposition über längere Zeit auf den Menschen wirkt, ist noch nicht wirklich klar. Vieles spricht dafür, dass eine Verdoppelung oder Verdreifachung der natürlichen Strahlung über einen längeren Zeitraum keinerlei gesundheitliche Folgen hat. Theoretisch kann ein einziges Strahlenquant an einer einzigen Zelle diese verändern und ein Krebswachstum auslösen. Tatsächlich ist Strahlung eine allgegenwärtige Erscheinung, denn der Mensch ist der von der Sonne und anderen Gestirnen ausgehenden Strahlung ausgesetzt. Auch radioaktive Elemente in der Erdkruste spielen eine Rolle, allen voran Uran und sein Zerfallsprodukt Radon.

Die Angabe einer Strahlen-Schwellendosis für die Entstehung von Krebs wird heutzutage vermieden. Die Aussage, „eine Strahlen-Schwellendosis für die Entstehung von Krebs kann nicht angegeben werden", ist jedoch in etwa so sinnvoll wie der Satz „eine Zigaretten-Schwellendosis für die Entstehung von Lungenkrebs kann nicht angegeben werden" oder „eine Schwelle für die Zahl von Autofahrten, die zu einem tödlichen Unfall führen, kann nicht angegeben werden". Schon die erste Fahrt kann in einem tödlichen Crash enden.

Da Radioaktivität allgegenwärtig ist, können die Effekte einer Null-Belastung nicht simuliert werden. Unterhalb von 100 mSv zusätzlicher Strahlenexposition pro Person in einer größeren Population versagt die Epidemiologie. Erst ab 1000 mSv einer „Blitzdosis" sind direkte Strahlenschäden an Einzelpersonen zu beobachten.

Der Unterschied zwischen Blitzdosis und Langzeitdosis ist zu beachten, vergleichbar mit der Aufnahme von Wärmeenergie: Wenige Minuten in loderndem Feuer führen unweigerlich zum Tod. Dagegen wird die gleiche Energie, verteilt über einen längeren Zeitraum, als angenehme Wärme empfunden. Oder Alkohol: Eine Wodkaflasche in einem Zug getrunken schädigt den Körper (Alkoholvergiftung), eine Flasche über einen längeren Zeitraum leergetrunken erhöht das Wohlbefinden.

Ob niedrige Dosen ionisierender Strahlung möglicherweise positiv auf biologische Systeme wirken können, wird kontrovers diskutiert. Positive Auswirkungen werden unter dem Begriff „Hormesis" zusammengefasst.

Zu diesen biopositiven Effekten, die typischerweise im Dosisbereich unterhalb von 100 oder 200 mSv auftreten, zählen unter anderem die Beschleunigung von Wachstums- oder Entwicklungsprozessen von Zellen, die Erhöhung der zellulären Überlebensrate durch Anregung von Reparaturvorgängen sowie ein Gewöhnungseffekt im Sinne einer geringeren Empfindlichkeit von Zellen gegenüber höheren Strahlendosen („adaptive response"). Diese angenommenen Effekte wurden früher in der Behandlung von Rheuma in Bergwerkstollen oder bei Radon-Trinkkuren angewandt. Es sollte das Immunsystem stimulieren.

In In-vitro-Studien an Blutzellen konnte gezeigt werden, dass sowohl akute als auch chronische Strahlenexpositionen eine „adaptive response" auslösen. Die Krebsmortalität unter Nukleararbeitern mit einer durchschnittlichen arbeitsplatzbedingten Strahlenexposition, die nur ein kleines Vielfaches der natürlichen Hintergrundstrahlung beträgt, war in einigen Studien 15 bis 20 % geringer als die in der allgemeinen Bevölkerung. Das könnte daran liegen, dass die arbeitende Bevölkerung im Schnitt gesünder ist als die Durchschnittsbevölkerung (healthy worker effect).

Die Ergebnisse der epidemiologischen und tierexperimentellen Studien sind aber widersprüchlich, so dass heute die Mehrheit der Fachleute bei der Radioaktivität weiterhin von einer linearen Dosis-Wirkungs-Beziehung ausgeht. Im Sinne eines vorbeugenden Schutzes bedeutet das, die Exposition grundsätzlich so niedrig wie möglich zu halten (linearen Dosis-Wirkungs-Kurve ohne Schwellenwert, engl. *Linear no-threshold model*, abgekürzt LNT).

Diese Hypothese sollte aber überdacht und womöglich korrigiert werden. Kleine Dosen bestätigen einen Krebsschutzeffekt. Eine erhöhte Krebsinzidenz konnte in Zusatzeinzeldosen unterhalb 100 mSv nicht bestätigt werden, im Gegenteil. Unter 45.500 kanadischen Mitarbeitern von Kernkraftwerken mit einer Zusatzstrahlenexposition zwischen 1 bis 49 mSv lag die Krebsinzidenz (das Auftauchen neuer Krebserkrankungen) um 30 Prozent niedriger als in der Gruppe mit einer Zusatzstrahlenexposition unter 1 mSv.

Es geht einfach um viel Geld. Wenn bewiesen werden kann, dass geringe Strahlendosen unschädlich, sogar eher biologisch heilsam sind, kann die winzige zusätzliche Strahlenexposition durch Kernkraftwerke endgültig vernachlässigt werden. Niemand bräuchte sich mehr Sorgen zu machen.

Doch bis auf weiteres gilt das Ziel, die nicht-natürliche Strahlenexposition möglichst klein zu halten. Aber bei einer Überschreitung von Grenzwerten oder der Erhöhung der Körperdosis bis zu einer Grenze von etwa 100 mSv pro Person muss man nicht gleich in Panik verfallen, vielmehr darf man sich über einen kleinen Schutzeffekt freuen, auch wenn der sich erst in einigen Jahrzehnten zeigt und auch nur epidemiologisch nachweisbar ist. Jedenfalls hat es offensichtlich keinen Sinn, die Welt, in der wir leben, zwanghaft völlig keimfrei, stressfrei und risikofrei zu gestalten.

Hiroshima und Nagasaki

In aufgeregten Internetkommentaren ist oft zu lesen, dass die Gegend um ein havariertes Kernkraftwerk „100.000 Jahre nicht mehr bewohnbar ist". Es stößt auf offene Verärgerung und schieren Unglauben, wenn man darauf hinweist, dass die beiden Städte Hiroshima und Nagasaki wenige Jahrzehnte nach den Atombombenabwürfen blühende, moderne Großstädte sind. Man muss sich nur die Bilder der Tourismusbüros im Internet anschauen. Bis auf die Gedenkstätten erinnert nichts mehr daran, dass die beiden Städte einmal vollständig ausgelöscht waren.

Der Bürgermeister von Hiroshima ist traditionell der Vorsitzende der weltweiten Vereinigung „Bürgermeister für den Frieden", eine honorable Institution. Doch nach wie vor wird in den Gedenkstätten nicht auf die Vorgeschichte der Bombenabwürfe hingewiesen. Japan hatte seine Nachbarn China, Korea und andere südostasiatische Länder kolonisiert und deren Bewohner in großem Stil versklavt und ausradiert. Die beiden Atombomben beschleunigten die Kapitulation Japan und retteten vermutlich Hunderttausenden von alliierten Soldaten das Leben, die nicht zu einer Invasion ansetzen mussten. Beide Städte waren Garnisonsstädte mit großen Militärhäfen, Schiffswerften und Rüstungsproduktionsbetrieben mit Zehntausenden von Arbeitssklaven. Doch in Japan wird nach wie vor nur der Opfer der Kernwaffenexplosionen 1945 gedacht – unter Aussparung der ebenfalls umgekommenen Kriegsgefangenen und Zwangsarbeiter anderer Länder, die sich dort aufhielten

Bemerkenswert ist aber auch, dass die Bewohner der beiden Großstädte keine Angst vor etwaig erhöhter Hintergrundstrahlung haben. Das liegt daran, dass die Strahlenbelastung heute nicht über dem Niveau der gewöhnlichen Hintergrundstrahlung durch natürliche Radioaktivität und somit nicht höher als in anderen Gebieten der Erde liegt.

Die radioaktive Belastung war in beiden Städten rasch rapide gesunken. Schon 24 Stunden nach den Explosionen war sie auf ein Tausendstel und eine Woche später auf ein Millionstel zurückgegangen. 50 Prozent der Toten waren durch die Druckwellen der Bomben umgekommen, 35 Prozent durch den Feuersturm und fünf Prozent durch die ursprüngliche Radioaktivität, der Rest (zehn Prozent) starben an der kumulierten Folgeradioaktivität.

BERICHT AUS DEM KRISENGEBIET

Die Fixierung der Medien auf Greenpeace und Grüne drängte die wahren Experten an den Rand. Selten waren Berichte zu lesen, die direkt aus dem Krisengebiet stammen. Der *Tagesspiegel Berlin* veröffentlichte am 25. April 2011 den Bericht eines Fachmanns für Kern- und Radiochemie, der im Auftrag der Internationalen Atomenergiebehörde (IAEO) im Reaktorgebiet Fukushima unterwegs war, um mit seinem Team Messungen vorzunehmen. Andreas Kronenbergs Bericht lief dabei unter der auf den ersten Blick abwegigen Kategorie „Reisebericht". Andererseits ist die Kategorisierung korrekt, denn all' die deutschen Experten, die sich über Fukushima äußerten, waren eben nicht vor Ort gewesen. Deshalb hier ein längerer Auszug:

„Ich komme gerade von einem nachmittäglichen Spaziergang durch Fukushima City zurück, ... Das Leben ist normal: die Burschen flirten, die Mädels tratschen. Man trifft sich um auszugehen oder in den Parks Sport zu treiben oder einfach nur die Kirschblüte zu fotografieren. ... Irgendwie passt das Bild von dem, was ich hier sehe und erfahre, gar nicht zu dem Bild, was die Medien in Deutschland vermitteln. Ich bin nun schon fast zwei Wochen in Japan, war mehrere Tage in Tokio und befahre nun täglich die Gegend um das Kernkraftwerk Fukushima-Daiichi. Man fragt sich, was die Hysterie in Deutschland eigentlich soll. Hier haben die Leute ganz andere Probleme, 28 000 Menschen vermisst, viele haben durch den Tsunami ihr Hab und Gut verloren. ... Die Tokioer schauen schon nach Fukushima, aber nicht mit der Panik, die wir in Deutschland haben. Sondern man möchte helfen, sammelt Geld für die Menschen. ... Auch hier in der Gegend, sowohl innerhalb der 20- bis 30-Kilometer-Zone um den Reaktor, als auch darüber hinaus, begegnen uns die Menschen sehr freundlich und interessiert. ... Angst oder Kernkraft-Feindlichkeit finden wir praktisch gar nicht. Nur ein junger Mann begegnet mir, der seinen Job gekündigt hat, um hier zu helfen, und er hofft, dass die Regierung nun aus der Kernenergie aussteige. ... Man scheint hier zu wissen, was mikro-Sievert ist und die Zahlenwerte werden kleiner, auch das wissen die Leute ganz genau. ... leider nur viel zu wenig wird in Deutschland über die 28.000 Toten durch den Tsunami berichtet. Eine ganze Kleinstadt ausgelöscht! ... Zwei Dinge scheinen mir sehr wichtig in der deutschen Diskussion.

Einmal die Tatsache, dass das Erdbeben, obwohl Stärke 9, dem Kraftwerk gar nix angetan hat. Wenn man die Zerstörungskraft des Erdbebens um das Kraftwerk sieht, die aufgerissenen Straßen, die verbogenen dicken Beton- und Stahlträger, dann muss man fast sagen, dass die Kerntechnik ja geradezu gezeigt hat, dass sie sicher ist. Die Straßen sind aufgerissen, massive Beton- oder Stahlkonstruktionen sind gebrochen oder verbogen, aber der Reaktor hat durch das Erdbeben keinen Schaden genommen. Daher ist die Diskussion in Deutschland über mögliche Erdbeben völlig unsinnig.

... Wie beschämend, dass unsere deutschen Medien kaum darüber berichten, sondern nur unsachlich und oft auch falsch über das Kraftwerk. Man bezeichnet das Kraftwerk als ‚Schrottreaktor' und die Arbeiter im Werk als ‚Todeskandidaten', was ich wirklich als eine Unverschämtheit empfinde – nicht nur gegenüber den Arbeitern, sondern auch gegenüber der japanischen Regierung. ... Falls die Japaner nicht lügen (was sehr wahrscheinlich ist), dann hat bisher niemand die 250 Millisievert erreicht, also wird niemand sterben. (Zwei junge Arbeiter sollen im Kraftwerk in den Tsunami-Fluten ums Leben gekommen sein.)

Nicht nur der Reaktor, nicht nur der Unfallhergang, alles ist völlig anders als in Tschernobyl. Man spielt in Deutschland mit den Ängsten der Leute, lässt bewusst Fakten weg oder verdreht Tatsachen. Dann lese ich in Deutschland, dass Greenpeace Empfehlungen ausspricht zur Erweiterung der Evakuierungszone und angeblich vor Ort misst. Nur frage ich mich, warum ich oder meine japanischen Kollegen sie in all den Tagen nie gesehen habe. Zudem hätte Greenpeace ja gar keinen Zutritt in die 20-Kilometer-Zone. Dort kommen wir nur mit speziellen Papieren rein und alle Straßen sind abgeriegelt. ... Wir haben sowohl Dosiswerte, Oberflächenkontaminationen als auch in-situ-gamma-spectroscopy gemacht und Bodenproben genommen. Nur mit all diesen Techniken zusammengenommen können klare Aussagen getroffen werden. Alles andere ist blanker Unsinn."

Die meisten Kommentare dazu in den Internet-Foren trieften vor Ressentiment, Hass, Häme und Sarkasmus. Was Andreas Kronenberg direkt aus Japan und der Sperrzone berichtete, wird schlicht nicht geglaubt. Seine Ansicht wird nicht widerlegt, er wird einfach geschmäht. Wer für Kernenergie ist, ist ein Lump, da muss nicht lange nachgedacht werden. Gegenargumente werden nicht vorgebracht, woher auch, all die Kommentatoren habe ja keine eigene

Erfahrung, ganz abgesehen davon, dass sie auch nicht die geringste Ahnung von Niedrigstrahlung und ihren Wirkungen haben.

In den Kommentarspalten toben die wütenden Kleinbürger ihre Angst vor dem Atom aus. Sie folgen der Medien-Masche des Niedermachens, affektiv ungefiltert und damit wenig elegant. Wo das Denken aufhört, beginnt das Geschwätz. Sprachasthmatisch bekommen sie kaum je vollständige Sätze und fehlerfrei geschriebene Worte zusammen. Wirklichkeit und Wissen sind Mangelware. Wie Säure schütten sie ihren Saich aus und versuchen, sich in Hass und Hetze zu überbieten. Die Niedermacher selbst fühlen sich wohl als ganz tolle Leute. Sie leben vom Verächtlichfinden anderer. Was die Niedermacher produzieren, heißt öffentliche Meinung, wirkt wie Politik, ist aber Boulevard, und das heißt Unverantwortlichkeit.

Ständig schwirren irgendwelche Geschichten durch die Medien, die erzählt werden von jenen, die sie von anderen gehört haben. „Die Vögel sind verrückt geworden, sie fliegen gegen die Scheiben und sterben, sie müssen Strahlung abbekommen haben." Dabei fliegen immer wieder mal bestimmte Vögel gegen Scheiben, weil sie diese nicht als solche erkennen können. Was hat das mit der Strahlung zu tun? Der Umfang an Desinformation und Unverantwortlichkeit übersteigt jede Beschreibung. *Welt online* formulierte Mitte Mai, „Betreiber gibt Kernschmelzen in drei Reaktoren zu", als ob Tepco Informationen bewusst zurückgehalten hätte. Die Mannschaften konnten wegen Verstrahlung nicht in die Reaktorgebäude und hatten keine Messwerte, weil auch die Instrumente ausgefallen waren. Fachleuten war schon Wochen vorher klar, dass es höchstwahrscheinlich zu Kernschmelzen gekommen ist, da muss nicht „zugegeben" werden.

Die gute Nachricht: Die Temperatur im Reaktor sinkt kontinuierlich. Ob sich die heißen, verklumpten Brennstäbe durch den stählernen Reaktorschutzbehälter, durch die äußere stählerne Schutzummantelung und auch noch durch den meterdicken Betonboden gefressen haben, ist unbekannt und sehr unwahrscheinlich. Die Schutzhüllen sind nicht oder kaum beschädigt. Messungen in der Umgebung und in allen Präfekturen wurden täglich durchgeführt und veröffentlicht. Jeder kann sich ein Bild selbst machen, wenn man unter „MEXT" googelt.

DEUTSCHE REAKTIONEN

Zufälliger Weise wenige Tage vor dem Unglück in Fukushima war ein Greenpeace-Team in Tschernobyl und hat dort, 200 Kilometer vom havarierten Reaktor entfernt, Lebensmittel auf Radioaktivität hin untersucht. Das Ergebnis: Viele Lebensmittel waren nicht belastet; erwartungsgemäß war die Radioaktivität nur in Pilzen und Blaubeeren leicht erhöht. Milch wies in *einer* Probe eine 16-fache Überschreitung des Grenzwertes für Kinder auf. Statt den Müttern zu sagen, dass lediglich eine einzige Probe einen gesundheitlich unbedenklichen, erhöhten Wert aufweist und eine 16-fache Überschreitung für den Körper, der diese Milch trinkt, überhaupt nichts bedeutet, verbreiten sie ihre übliche Panik: „Von dieser Milch geht Gefahr für die Kinder aus".

Die nun über Jahrzehnte andauernde, bewusste Fehlinterpretation von nicht eingeordneten Daten hat die Köpfe der Deutschen vernebelt. Die Früchte der planvoll geschürten Hysterie konnten die Kernenergiegegner nun bei der Havarie von Fukushima einfahren. Von Anfang an drängte die KKW-Frage die Berichterstattung über das Erdbeben und den Tsunami an den Rand. Kaum je wurde darauf hingewiesen, dass die Fukushima-I-Atomreaktoren nicht durch das schwere Erdbeben, sondern durch den nachfolgenden Tsunami lahmgelegt worden sind.

Eine tatkräftige und disziplinierte Nation war mit einer alles übersteigenden Naturkatastrophe konfrontiert, aber die deutschen Medien und ihre Reporter konzentrierten sich auf die Frage, ob uns in Deutschland ein radioaktiver Niederschlag drohe. Dazu müsste die Atomwolke 9000 Kilometer ausgerechnet in unsere Richtung zurücklegen. Alle befragten Experten gaben zur Antwort, dass nichts dergleichen drohe.

Empathie und Teilhabe am Unglück der anderen drückt sich anders aus, beklagte der Journalist Klaus Hartung im *Tagesspiegel* (am 20. März 2011, S. 23). Die AKW-Gegner tun sich in ihrer Selbstgerechtigkeit schwer, das japanische Elend zu sehen. Die Gefasstheit und Disziplin der Japaner irritieren jene Deutschen, die gewohnt sind, auf hohem Niveau Panik zu schieben und die Regierung für alles verantwortlich zu machen. Die Opferbereitschaft der freiwilligen japanischen Arbeiter, die unter Lebensgefahr das Unglück bekämpften, blieb den meisten Deutschen völlig fremd.

Wir haben an Menschlichkeit verloren, beklagte Hartung. Viele ließen sich von der unaufhörlichen Bilderflut emotional aufladen, nur wenige fragten sich besonnen, was zu tun sei, damit sich so etwas nicht wiederholt. Insbesondere viele Deutsche reagierten emotional. In Frankreich, Großbritannien, den USA, aber auch in China gab es diese starke Emotionalisierung nicht. Die Behauptung der deutschen Opposition, die von der Bundesregierung zunächst angeordnete vorübergehende Abschaltung der sieben ältesten Reaktoren sei nur ein Wahlkampfmanöver, klingt selbst nach Wahlkampf. Die Opposition ging nach floskelhaftem Bedauern über das unbeschreibliche Leid der Japaner zu handfester Interessenpolitik über.

JOURNALISTISCHE ENTHEMMUNG

Journalisten, die zur Neutralität verpflichtet sein sollten, sprachen ohne Hemmungen in emotionaler Terminologie über die Reaktorkatastrophe in Japan (Strahlungswolke, hochgiftig, verseucht, der Super-GAU, gefährliche Atomenergie usw.) und erweckten dabei den Eindruck von Unfähigkeit des japanischen Betreibers, der japanischen Regierung sowie einer in Deutschland bevorstehenden Schädigung. Die Medien konzentrierten sich fast ausschließlich auf die – objektiv geringe – radioaktive Belastung und hielten anhand von einseitig ausgewählter Experten die Stimmung gegen die Kernkraft am Kochen. Diese sogenannten Experten wurden zuallererst von Greenpeace gestellt bzw. Journalisten fragten zuallererst bei jenen Fachleuten an, von denen bekannt ist, dass sie Kernkraft ablehnen. Das nennt sich dann „kritischer Journalismus".

Die Medien verbreiteten Informationen, bevor deren Bedeutung verstanden wurde. „Tepco, der Betreiber des Kernkraftwerkes, gab bekannt, daß der Wasserstand in einem Schacht bei Reaktor 2 um einen Zentimeter gefallen sei, nachdem das Wasser einen Tag lang abgepumpt worden war. Gleichzeitig sei aber der Wasserstand in einem Schacht am Reaktor 3 gestiegen." (*Frankfurter Allgemeine Zeitung*, 21. April 2011, S. 1) Was soll den Leser damit anfangen? Das Bemühen um genauere Informationen generiert offenbar Informations- und Zahlenschnipsel, die für die Leserschaft umso unverständlicher sind, je detaillierter sie werden.

Informationssplitter der japanischen Regierung oder des Kraftwerkbetreibers wurden minutenschnell um die Erde gejagt, ohne die Fakten zu prüfen. Das Twittern verschärfte noch einmal das Brodeln in der Gerüchteküche. Die wissenschaftlich fundierte Information ist im Wettbewerb um Geschwindigkeit und Einfachheit den unseriösen Absendern unterlegen. Die vielen mehr oder weniger bekannten Experten glaubten intime Kenntnisse aus dem Innern der Fukushima-Reaktoren zu haben. Zunehmend stellte sich heraus, dass diese Kenntnisse allenfalls die Qualität von argentinischen Staatsanleihen hatten: Ramschniveau. Der politische Missbrauch der schrecklichen Folgen dieses in seiner Wucht einmaligen Erdbebens durch die Grünen ist moralisch unwürdig. Die jahrelang geschürten irrationalen Ängste vor der friedlichen Nutzung der Kernenergie in Deutschland und das hysterische Vorgehen gegen jeglichen weiteren Betrieb von Kernkraftwerken nehmen krankhafte Formen an. Sind unsere Grünen-Politiker wirklich klüger als alle diejenigen, die in den USA, Russland, Großbritannien, Frankreich usw. Verantwortung tragen und neue Kernkraftwerke errichten werden?

Die Zahl der Zeitungsenten nahm kein Ende. Eine davon war, dass die Betreiber von Kernkraftwerken nicht haftpflichtversichert sind. Richtig ist, dass sie bis zu einer bestimmten Höhe von einigen Milliarden versichert sind, aber nicht darüber hinaus. Irrsinnige Summen für die Kosten zur Beseitigung der Folgen eines GAUs in Deutschland wurden gehandelt: Die Zahl von 1000 Milliarden Euro wurde aus dem Hut gezaubert, bei Lust und Laune gern auch das Zehn- und Hundertfache. Jene, die so fahrlässig mit den willkürlich aus der Luft gegriffen Zahlen hantieren, wollen die ganze Atomdebatte mit einem Schlag beenden. Die Aussage lautet: Atomstrom wäre wegen der Versicherungsprämien real so teuer, dass ihn kein Mensch mehr bezahlen könnte.

Noch bevor ansatzweise bekannt wurde, welche Folgekosten sich aus dem Reaktorunglück in Fukushima ergeben, wurde bereits die Unbezahlbarkeit diagnostiziert. Es wurde behauptet, ein verstrahlter Boden sei nicht zu sanieren. Natürlich ist er zu sanieren; er kann oberflächlich abgetragen, deponiert und durch neue Schichten ersetzt werden. Die Verseuchung von Landstrichen ist nicht „irreparabel", die Strahlenbelastung nimmt kontinuierlich ab. Besonders deutsch scheint es zu sein, die Atombombenabwürfe von Nagasaki und Hiroshima in einem Zug mit Harrisburg, Sellafield und Tschernobyl zu nennen. Man sollte verstehen, warum die Medien so schreiben wie sie schreiben:

In Deutschland trifft die Tradition einer apokalyptischen Kritik der gesellschaftlichen Entwicklung auf einen medienimmanenten Zwang zur Sensationalisierung und Personalisierung (Einzelfallgeschichten). Damit verbunden ist eine Ignoranz gegenüber Wissenschaft und ihren seriösen Protagonisten. Das Ergebnis ist eine mehr als nötig verzerrte Darstellung der Wirklichkeit. Wir leben keineswegs in einer „Risikogesellschaft", die unterschiedslos alle bedroht, wie der Soziologe Ulrich Beck 1986 meinte, sondern in einer technisch und gesundheitlich immer gefahrloseren Gesellschaft, die sich eine immer größere Risikoangst leistet. Am allgemeinen Gefühl des Bedrohtseins haben Massenmedien einen entscheidenden Anteil. Mit Meldungen wie „Heute schon wieder 99,99 Prozent aller Frauen unbehelligt nach Hause gekommen" lassen sich keine Zeitungen verkaufen und Zuschauer vor den Fernsehschirm locken. Das gilt auch für die denkbare Schlagzeile „Hurra! Japaner trotzen erfolgreich dem Super-GAU".

Es scheint völlig ausgeschlossen, dass Journalisten und ihre Medien aus dem Zwang zur Boulevardisierung und Sensationalisierung herausfinden können. Wenn Medien konkurrieren, dann geht es kaum noch um eine eventuell langweilige objektive Berichterstattung, sondern mehr darum, das Publikum mit einer Story zu fesseln, um die Einschaltquote oder die Verkaufszahlen zu pushen. Der Konkurrenzdruck der Medien gibt den Journalisten entsprechende Kriterien vor, die sie nicht ungestraft vernachlässigen dürfen. Und dann ist noch das unstillbare Bedürfnis der Leser und Zuschauer nach ausgefallenen Geschichten zu berücksichtigen. Die Normalität interessiert niemanden wirklich. Das Abnorme wurde zur Normalität.

Die Naturkatastrophe und die Reaktorhavarie wurden von der Opposition, Greenpeace und den Medien konsequent vermengt. Die Folgen von Erdbeben und Tsunami (20.000 Tote, verheerende Zerstörungen) wurden in den Hintergrund gedrängt. Es wurden einige Spitzenwerte manipulativ herausgegriffen, sinkende Werte und die naturnotwendig abklingende Radioaktivität meist verschwiegen. Die rasch greifenden Schutzmaßnahmen und die Erfolge bei der Eindämmung der Folgen wurden heruntergespielt. Interviewpartner und Expertenmeinungen wurden selektiert. Ökolobbyisten, Oppositionspolitiker und die ihnen nahestehenden Organisationen hatten immer Vorrang in den Medien. Der japanische Unfall wurde durchgängig als drohende Katastrophe für Deutschland interpretiert.

DEUTSCHE WELTUNTERGANGSSEHNSUCHT

Meldungen aus Japan klangen schon bald zunehmend beruhigend; nur wenig Radioaktivität war entwichen und die Strahlung in der Sperrzone nimmt kontinuierlich ab. Die guten Nachrichten aus Japan alarmierten die Lobby der Apokalyptiker. Es könnte der falsche Eindruck entstehen, ein GAU sei beherrschbar, sorgte sich Tobias Riedl, Atomexperte von Greenpeace (am Mai 2011 im *Tagesspiegel* Berlin, S. 32). Das würde dem Gerede vom GAU oder gar Super-GAU Lügen strafen.

Die Apokalyptiker warten seit Jahrzehnten darauf, dass endlich ein Nachfolgeereignis wie Tschernobyl eintritt, weil die ukrainische Katastrophe nicht ausreichte, die Welt vom Atomstrom abzubringen. Wie Jesus und seine Jünger warten sie auf die Erfüllung der Apokalypse und den Beginn des leuchtenden Solarzeitalters. Dann werden die Bösen von den Gerechten geschieden und die Verblendeten werden heulen und mit den Zähnen klappern.

Mit waghalsigen statistischen Berechnungen behaupten sie, dass die nächste Katastrophe nicht lange auf sich warten lassen wird. Ihr Irrtum mit dem Zeitplan – und vermutlich auch mit dem japanischen GAU – dämpfte die Begeisterung der weltuntergangsgeneigten Umweltschützer nicht. Das spektakuläre Versagen der Voraussagen führte nicht zur Auslöschung der apokalyptischen Bewegung, sondern zu seinem Erstarken. Noch stärker als sonst sehnt man das Ende der Kernkraft herbei, vorzugsweise im Zuge einer Katastrophe á la Tschernobyl.

Das Vertrackte an den Kassandrarufen der Umweltaktivisten ist das Gemenge aus fraglos Richtigem, bewussten Missinterpretationen und schamlos Übertriebenem. Der Weltuntergangsglaube ist die Domäne der politisch Radikalen, unglücklichen Revolutionäre und selbsternannten Errettern, nicht der Glaube jener, die das Ruder in der Hand halten. Was also Greenpeace, die Grünen und die SPD als letztes gebrauchen konnten, war die Nachricht, dass Fukushima unter Kontrolle sei oder demnächst sein werde. Da aktuell die weitreichenden Folgen ausblieben, weissagte Tobias Riedl, dass das dicke Ende für die Bevölkerung erst noch komme, wenn sich über Lebensmittel die radioaktive Belastung in den Körpern kumuliere. Greenpeace versucht mit allen Mitteln, Angst und Panik zu verbreiten. Doch die Angst vor Radioaktivität steht in keiner Wechselbeziehung zu den tatsächlich entstehenden Schäden. Eine zusätzliche Jahresdosis von 5 bis 10 mSv ist vertretbar, wenn man sich klarmacht, dass Millionen von Menschen in Gebieten mit hoher natürlicher Radioaktivität leben, die sie Dosen von mehr als 10 mSv pro Jahr aussetzt. Darauf wies der Umweltphysiker Jim Smith von der University of Portsmouth (UK) in der Zeitschrift *Nature* hin (siehe Quellenhinweise).

Anlässlich eines irrelevanten, aber meldepflichtigen Ereignisses im Kernkraftwerk Krümmel Mitte Juli 2009 schrieb FAZ-Autor Stefan Dietrich (24. Juli 2009): „Jeder noch so harmlose Vorfall wird zum Skandal ... Auf der Internetseite des Umweltministeriums findet sich kein einziges gutes Wort über eine Energiequelle, die Deutschland seit mehr als dreißig Jahren überaus zuverlässig mit Strom versorgt. ... Unter grüner und roter Ägide ist das Bundesumweltministerium zur Lobbyzentrale alternativer Stromanbieter geworden, die sogar öffentlich empfiehlt, von Vattenfall zu jenen Unternehmen zu wechseln, denen die Politik mittlerweile jährliche Einspeisevergütungen in Milliardenhöhe zugeschanzt hat."

Auf dem Pariser Platz in der Mitte Berlins gab es mehrere Demonstrationen, bei denen sich die Teilnehmer auf den Boden legten, jedoch nicht, um der Opfer des Erdbebens und des Tsunamis zu gedenken, sondern als symbolischer Hinweis auf die Opfer der Kernenergie, deren Zahl so bedauerlich niedrig blieb. Die Empathie für die realen Verluste erschöpfte sich in kurzen Sätzen, während die Gefahren der Kernenergie ausführlich beklagt wurden. Der von Tschernobyl her aufgewärmte Slogan „Fukushima ist überall" entspringt der bodenlosen Gedankenlosigkeit deutscher Berufsbetroffener. In 9000 Kilometer Entfernung gab es einen Atomunfall, aber in Deutschland gibt es die Opfer.

Die Teilnehmer derartiger Demonstrationen empfanden sich vermutlich unbewusst selbst als potentielle Märtyrer einer speziellen Stromerzeugungsart und reklamierten für sich ein Trauma, das weder eingetreten war noch vermutlich je eintreten wird. Sie wählten eine seelische Erschütterung für die Zukunft, sie antizipierten die dabei empfundene Hilflosigkeit gegenüber einer unsichtbaren Gefahr und machten sich lächerlich angesichts der stoischen Hartnäckigkeit der Japaner, den Schaden zu begrenzen. Claudius Seidl schrieb am 20. März 2011 im Feuilleton der *Frankfurter Allgemeinen Sonntagszeitung*, „wer so tut, als ob wir hier die Opfer wären, der ist halt nicht bloß hysterisch. Sondern zeigt auch, wie ignorant, egozentrisch und unfähig zu den eigentlich elementaren menschlichen Gefühlen des Mitleids und der Empathie er ist".

Statt Menschenliebe regte sich bei den Grünen und bei Greenpeace eine unerträgliche Rechthaberei. Noch am Tag der Fukushima-Katastrophe beteuerte die Opposition, man wolle jetzt nicht innenpolitisch vom Schrecken profitieren, um prompt im Lichte eben dieses Schreckens die Atompolitik der *Bundesregierung* anzuklagen (nicht die der japanischen Regierung). Der größte anzunehmende Unfall war noch gar nicht eingetreten. Die Warnung der Opposition vor dem GAU hatte etwas von freudiger Erwartung, er möge nun endlich, endlich eintreten.

Aber die Bevölkerung kann angeblich nicht irren. Das steht hinter dem Argument, dass eine Mehrheit der Deutschen gegen Atomenergie ist. Die kollektive Intelligenz einer Bevölkerung ist jedoch nicht entscheidungssicherer als die der Politiker. Der Mensch in seinem Urteilsvermögen ist und bleibt begrenzt, egal ob es sich um Blockierer vor einem Werkstor oder um Politiker handelt, die zur Entscheidung gezwungen sind.

Schirrmachers Philippika gegen deutsche Kernkraftbefürworter

Der inzwischen verstorbene Herausgeber der *Frankfurter Allgemeine Zeitung*, Frank Schirrmacher, ein genialer Aufbauscher und Alarmist, der sich und sein Publikum zu berauschen vermochte, hatte am 28. März 2011 in seiner Zeitung scharfe Worte gegen jene gefunden, die Kernenergie für harmlos halten. Jahrzehnte der Atomkraft-Debatte hätten die Sprache manipuliert, so Schirrmacher in seinem viel beachteten Beitrag. Er meint allerdings nicht die Anti-AKW-Lobby, sondern ausschließlich die Verharmloser. Sie würden von den tatsächlichen Problemen ablenken, unsinnige Thesen formulieren und die öffentliche Vernunft beleidigen.

Schirrmachers Argumente sind leicht zu widerlegen: Wenn gesagt wird, die deutschen AKWs seien die sichersten der Welt, so ist das tatsächlich eine technische Aussage, keine moralische. Die Aussage, es gebe keine absolute Sicherheit, gilt absolut, also für alle menschlichen Tätigkeiten und Planungen, auch für Windkrafträder und Solaranlagen und selbst für das Nichthandeln. Der Hinweis auf ein Restrisiko ist also keine Irreführung, sondern eine anthropologische Unhintergehbarkeit.

Absolute Sicherheit gibt es nicht einmal beim Abschalten aller KKWs, da der Verzicht neue Risiken gebiert, die nicht Null sind. „Risiko gehört zum Leben" hält Schirrmacher für eine Tautologie, aber er kann den Satz nicht widerlegen. Fortschritt und Risikowagnis gehören zusammen, auch bei der Umgestaltung der Energieversorgung in Deutschland. Schirrmacher zitiert den Berliner Risikoforscher und Psychologen Gerd Gigerenzer mit dem Satz „Vermeide Situationen, in denen viele Menschen zu *einem* Zeitpunkt ums Leben kommen." Schirrmacher wendet diesen Satz gegen die Atomenergie, ohne zu sehen, dass er, der Satz, inhaltlich bereits seit langem umgesetzt wird, und zwar durch die Konstruktion immer besserer Kernkraftwerke. Die geringe Zahl Verstrahlter und das Fehlen von Todesopfern durch Fukushima-Radioaktivität ist der Beweis dafür (was Schirrmacher ignoriert). Richtig ist, dass ein Fall wie Fukushima in Deutschland (warum ist eigentlich immer nur von Deutschland die Rede?) nicht eintreten könnte. Die nächste Havarie wird anders aussehen als die vorhergehende. Bisher gab es in vier Jahrzehnten weltweit nur fünf oder sechs nennenswerte Unglücke.

Für besonders erbärmlich hält Schirrmacher das Argument, Deutschland sei von Kernkraftwerken umgeben, ein Ausstieg mache unser Land nicht sicherer. Davon sollte sich die Politik nicht beeindrucken lassen. Deutschland, so Schirrmacher, solle andere Länder davon abhalten, weitere KKWs zu bauen, genauso wie Deutschland auf den Besitz von Atomwaffen verzichtet und andere davon abhalten will, solche zu besitzen. Schirrmachers Vergleich von Atombomben mit Atomkraftwerk ist typisch deutsch. Japaner, die wahrlich unter Atombomben zu leiden hatten, scheinen den Unterschied zu kennen und zu respektieren. Schirrmacher misstraut auch der Aussage, dass ein GAU extrem unwahrscheinlich ist. Der nächste wird kommen, da ist er sich sicher, nur niemand weiß wann und wo. Er berücksichtigt nicht, dass die Technik voranschreitet und die Wahrscheinlichkeit weiter sinken wird. Schirrmacher weist zu Recht darauf hin, dass zu dem Zeitpunkt der Abfassung seines Pamphlets wenig darüber bekannt ist, was in Fukushima tatsächlich passierte. Das hindert ihn wie alle anderen Erregten nicht, seinen Bann auszusprechen.

In seiner neunten und letzten These stellt Schirrmacher eine interessante Überlegung an: Angenommen, es hätte vor 2000 Jahren Kernkraftwerke gegeben, deren Abfall in Salzstöcken oder Granitschichten abgelagert worden wäre. Er meint, das hätten die nachfolgenden Generationen nicht überlebt.

Das ist nicht nur reichlich spekulativ, es ist auch grandios übertrieben. Die nächste Generation von was? Nicht einmal die unmittelbaren Bewohner wären gefährdet, um so weniger der Rest der Menschheit. Wodurch denn hätten wir, die wir 2000 Jahre später leben, denn gefährdet werden können? Entweder wären wir technisch auf dem gleichen oder einem höheren Stand wie vor 2000 Jahren, dann hätten wir auch die entsprechende Messtechnik und das Wissen, die Gefährdung zu umgehen. Oder wir hätten alles Wissen verloren, dann wüssten wir wahrscheinlich auch nicht, wie man Bergwerke baut und Tiefbohrungen durchführt, und wären nie auch nur in die Nähe vergrabener Atommüllfässer gelangt. Warum sollte aus einem in Vergessenheit geratenen Bergstollen eine tödliche Gefahr erwachsen?

Deutschland und Österreich (und nur sie) steigen aus der Atomenergie aus. Zurück bleibt hierzulande ein Volumen von 29.000 Kubikmetern hochradioaktiven Mülls. Mehr ist es nicht: Ein Würfel von gerade einmal dreißig Metern

Kantenlänge, so klein, dass er fast genau im Plenarsaal des Deutschen Bundestages Platz hätte – aber mit einer Strahlung, die die in Tschernobyl freigesetzte Strahlung um das mehrere Hundertfache übertrifft.

Aber das macht nichts, weil diese Strahlenmenge nicht dazu bestimmt ist, freigesetzt zu werden. Man kann auch neben einem Eimer mit Tuberkulose-Bakterien leben, ohne zu erkranken. Die Übertragung erfolgt in der Regel durch eine Tröpfcheninfektion. Die Haupteintrittspforte ist die Lunge. Ein luftdichter Deckel auf den Eimer, und man kann die Sache fast vergessen.

Heute ist etwa jeder dritte Mensch auf der Welt mit Mycobacterium tuberculosis infiziert, aber nicht jeder stirbt daran, entweder weil die Krankheit nicht ausbricht oder mit Antibiotika bekämpft werden kann. Jedes Jahr fordert Tuberkulose zwei Millionen Todesfälle und ist neben AIDS und Malaria die weltweit am weitesten verbreitete Infektionskrankheit. Gemessen an diesen Todeszahlen ist die Gesundheitsgefahr durch radioaktive Strahlung geradezu inexistent.

Die von der Bundesregierung vorgegebene Dauer von „einer Million Jahre“, über die hochradioaktive Stoffe sicher gelagert werden sollen, orientiert sich an den Halbwertszeiten der besonders langlebigen Radionuklide: Plutonium-239 hat eine Halbwertszeit von 24.110 Jahre, Jod-129 von 16 Millionen Jahre, Uran-235 von 704 Millionen Jahre und Uran-238 von über 4 Milliarden Jahre (Tobias Münchmeyer, Atomexperte bei Greenpeace, am 27. Nov. 2011 in der *Frankfurter Allgemeine Zeitung*).

Das alles stellt faktisch kein Problem dar, wenn man nur ausreichend großen Abstand hält. 800 Meter unter der Erde dürften ausreichend sein. Außerdem sinkt die Radioaktivität kontinuierlich. Was nach 24.110 Jahren noch übrig ist, dürfte kaum noch messbar sein. Absonderlich ist Münchmeyers Hinweis auf Uran-238 und dessen Halbwertzeit von über 4 Milliarden Jahre. Uran ist eine natürlich vorkommende Substanz in der Erde. Da wäre es wohl am besten, man evakuiere die Menschheit auf einen nicht radioaktiv strahlenden Ersatzplaneten und vergrabe die gesamte Erde irgendwo anders. Die Greenpeace-Leute wollen einfach nicht begreifen, dass die Menschheit mit Radioaktivität groß wurde.

Es stimmt, dass das Problem des radioaktiven Abfalls „nie zu lösen sein wird“, wenn man die verrückte Zeitvorgabe von einer Million Jahre betrachtet. Die hohe Halbwertszeit ist andererseits ein unschlagbarer Vorteil für die

Kernenergie: So lange könnte sie uns – immer wieder aufgeladen und recycelt – Energie liefern.

Nach erfolgtem Verschluss eines Endlagers ist eine Entwendung von spaltbaren und theoretisch atombombenfähigen Materialien aus einem Endlager nur noch unter sehr großem Aufwand möglich. Bei einer Endlagerung mit der Option Rückholbarkeit könnte der Mensch hingegen relativ einfach auf spaltbare Materialien zurückgreifen – um weiter damit Strom zu produzieren und mit der theoretischen Möglichkeit, daraus Atombomben zu bauen. Um derartige Massenvernichtungswaffen zu bauen, bedarf es allerdings keines oberirdischen deutschen Zwischenlagers. Für Iran oder Pakistan gab und gibt es andere Quellen. Und wenn in 300 oder 3000 Jahren eine deutsche Bundesregierung – gibt es dann noch Deutschland, gibt es dann noch eine Regierung? – den Bau von Atombomben beschließen sollte? Aber sind solche Gedankenspiele noch ernst zu nehmen?

Rechnen wir einmal nur die letzten 1000 Jahre zurück - eine wirklich lächerliche Zeitspanne für die Atommüllfrage: Wie viele Revolutionen, Kriege, Völkerwanderungen, Weltkriege, Eroberungskriege, Seuchen, Wandlungen und Erfindungen hat es gegeben? Spielt da das Thema Atommüll wirklich eine so große Rolle? Was nach uns kommt, können wir nur raten. Nichts ist sicher. Auch nicht, dass in 1000 oder 10.000 Jahren eine Gefahr von einem Endlager ausgeht. Die Wahrscheinlichkeit dafür ist minimal. Andere Risiken sind viel größer und naheliegender.

Übrigens hat nicht nur die Kernenergie ein Ewigkeitsproblem. Im Grundwassermanagement stillgelegter Steinkohlezechen im Ruhrgebiet und an der Saar müssen Jahr für Jahr 100 Millionen Kubikmeter Wasser gepumpt werden (FAZ vom 26. Nov. 2011, S. 13). Dafür wird die RAG-Stiftung nach heutigen Preisen jährlich etwa 200 Millionen Euro aufwenden müssen. Das Stiftungsvermögen müsste von derzeit 2,5 auf 10 Milliarden Euro vermehrt werden, um jährlich jene 200 Millionen Euro aus den Vermögenserträgen für die Wasserbewirtschaftung zu erhalten.

... UND EINE ANTWORT DARAUF

In Abgrenzung zu den Thesen Schirrmachers möchte ich formulieren:

Deutsche Atomkraftwerke sind gemessen am internationalen Standard ziemlich sicher. Sie sind deutlich sicherer als die russischen RBMK-Reaktoren, weil gänzlich anders gebaut. Es wird weltweit weiter an der Erhöhung der KKW-Sicherheit und an neuen Technologien geforscht, und die bestehenden Reaktoren werden ständig nachgerüstet.

Ältere Kraftwerke sind prinzipiell genauso sicher wie jüngere. Maßgeblich ist nicht das Alter einer Anlage, sondern die Sicherheitskultur, mit der sie betrieben wird. Das schließt technische Modernisierungen ebenso ein wie den Ausbildungsstand der Belegschaft und das Verantwortungsbewusstsein, das dort gepflegt wird.

Absolute Sicherheit gibt es nicht, auch nicht bei einem Verzicht auf KKWs. Die Versorgungssicherheit beispielsweise könnte sinken, es kommt (was wir in Deutschland bislang so gut wie nicht kennen) zu Stromengpässen und Stromabschaltungen mit noch unabsehbaren Folgen für Komfort, Leib und Leben. Wer wird die Risiken eines Stromausfalles tragen?

Risiko gehört zum Leben. In einem alle Bereiche berücksichtigenden Risikovergleich mit anderen Stromerzeugungsarten (Bau, Betrieb, Rückbau) schneidet Kernenergie nicht schlechter ab als Gaskraftwerke, Tschernobyl mit eingeschlossen. „Gefährlichkeit" ist kein Argument gegen Kernkraft.

Eine Kernschmelze ist in Deutschland wegen besserer Sicherheitsstandards noch unwahrscheinlicher als in Fukushima. Die Auswirkungen in Fukushima sind zudem relativ begrenzt und gesundheitlich relativ harmlos. Die Menschen um den Reaktor herum leiden vornehmlich darunter, von einer gnadenlos fürsorglichen Regierung daran gehindert zu werden, in ihre Häuer zurückzukehren, was für die meisten Gebiete gefahrlos möglich wäre.

Es gab mehrere Wasserstoffexplosionen und vermutlich drei Kernschmelzen in den zum Unglückszeitpunkt vier aktiven Reaktoren in Fukushima I. Die Auswirkungen auf die Umwelt waren und sind vergleichsweise gering. Es hat keine direkten Toten und kaum Verstrahlungen gegeben. Eine Notkühlung konnte provisorisch eingerichtet werden und es ist damit zu rechnen, dass die vier Reaktorkerne bereits jetzt oder in naher Zukunft stabil sein werden. Sie dürften allerdings nicht mehr zu gebrauchen sein. Aber wer weiß? Die Wand an Wand mit dem explodierten Reaktor in Tschernobyl laufenden weiteren drei Meiler wurde noch bis zum Jahr 2000 betrieben, trotz der angeblich tödlichen Verstrahlung der Sperrzone.

Der lokale Widerstand gegen alternative Energieformen und ihre Folgen wird in Deutschland und in anderen Ländern in Zukunft zunehmen. Die Menschen wollen in ihrer Mehrheit preiswerten Strom, aber keine Kraftwerke, sie wollen eine sichere Stromversorgung, aber kein Stromnetz, sie wollen saubere Energie, aber keine Stauseen und keine Windkrafträder in ihrem Hinterhof. Der Kampf „grün gegen grün" wird den Umbau der deutschen Energieversorgung erheblich behindern. Um 2021 könnten zwar alle Kernkraftwerke abgeschaltet sein, doch ob dann genügend Strom zur Verfügung steht, steht noch in den Sternen (und ist ein Risiko).

Die nationalen Ziele zur Minderung der CO_2-Emissionen werden aller Voraussicht nach nicht erreicht.

Fukushima hat in Deutschland viel kaputt gemacht, vor allem die deutsche Seele. Ein Unfall in 9000 Kilometer Entfernung – und bei uns werden Kernkraftwerke abgeschaltet. Das könnte mit deutscher Romantik, deutschem Idealismus und deutschem Rechthaber-Furor erklärt werden. Der Hauptgrund aber war ein politisches Kalkül der CDU-Vorsitzenden und Kanzlerin Merkel. Ökologie ist mehrheitsfähig.

Die Endlagerung wird aus politischen Gründen von Grünen und der SPD hintertrieben und ist auch wegen des lokalen Widerstands nicht gelöst. Es mehren sich Stimmen die sagen, dass die oberirdische Lagerung sinnvoll ist, weil in 50 oder 100 Jahren ein Recycling möglich sein könnte. Eine Bewachung über Hunderttausende von Jahren scheint nicht nötig. Und warum wird eigentlich nur in Bezug auf Kernenergie von derart langen Zeiträumen geredet? Warum wird die Regierung nicht verpflichtet, die Versorgung mit Wohnraum, Lebensmitteln, Wasser und Automobilen für die nächsten 100.000 Jahre zu gewährleisten?

Vergleich mit Tschernobyl

Zufälligerweise jährte sich fünf Wochen nach dem Unglück in Fukushima zum 25. Mal die Katastrophe von Tschernobyl. Die Kernenergiegegner nutzten die Gunst der Stunde, um immer wieder Fukushima mit Tschernobyl in einem Atemzug zu nennen. Die Meinung wird dominiert von Wählern wie Herbert Ax („Kritiker1949"), der in einem Blog schrieb (Originalorthographie): „Eine Energiequelle zu nutzen, die nach einem Unfall, als Ergebnis, die Zerstörung der Lebensgrundlage der Menschen ist, kann von niemandem der halbwegs Normal ist betrieben werden. Über Jahrzehnte und Jahrhunderte verstrahlte Gebiete sind im Ergebnis, nicht akzeptabel. Spätestens nach Tschernobyl sollte das dem Letzten Idionten der Atomkraft als Energieuqelle nutzt klar sein." Menschen wie „Kritiker1949" beherrschen das Meinungsklima zur Kernenergie in Deutschland.

Unbestritten war das Unglück im Kernkraftwerk Tschernobyl 1986 der schlimmste Unfall in der Geschichte der zivilen Atomindustrie weltweit. In der Reaktoreinheit 4 hatte sich Graphit entzündet; der Brand mit seinem thermischen Aufwind schleuderte zehn Tage lang Tonnen von radioaktivem Material in die Atmosphäre. Spuren des Fallouts waren überall in der nördlichen Hemisphäre nachweisbar.

Der russische Reaktor in Tschernobyl hatte einige wesentlich abweichende Konstruktionsmerkmale, die sich in keinem westlichen Kernkraftwerk befinden. Er hatte keinen Stahl-Druckbehälter, der Reaktorkern war umgeben von einer einfachen Maschinenhalle. Das zweite Merkmal ist das Fehlen einer Sicherheitshülle aus Stahl und Beton. Dritter Unterschied ist Graphit als Moderator für die Neutronenenergie. Als der Reaktorblock 4 am 26. April 1986 heiß lief, brannte das heiße Graphit wie Grillkohle. Der russische RBMK-Reaktor war ein einziger Konstruktionsfehler. Insofern ist Tschernobyl kein Argument gegen die zivile Nutzung der Kernenergie und war es nie gewesen.

Die zusätzliche Strahlenbelastung dort ist bis heute nicht völlig abgeklungen. Die Radioaktivität ist aber soweit reduziert, dass Menschen, die heute in dem Sperrgebiet arbeiten, pro Jahr nicht mehr als ein Millisievert zusätzlich abbekommen. Das ist der Vorsorgewert, der von der Internationalen Strahlenschutzkommission und der deutschen Strahlenschutzverordnung zum Schutze der Zivilbevölkerung vor theoretisch nicht gänzlich unwahrscheinlichen zusätzlichen Krebserkrankungen angegeben wird. Erst die hundertfache Dosis würde zu einem statistisch messbaren Anstieg von Krebserkrankungen führen. Das ukrainische Sperrgebiet hätte schon längst weitgehend wieder freigegeben werden können.

Für Arbeiter in kerntechnischen Anlagen in Deutschland liegt der Eingreifwert bei 20 Millisievert pro Jahr; danach muss der Arbeiter aus dem Betrieb abgezogen werden. In Japan liegt der Gesundheitsvorsorgewert bei 50 Millisievert pro Jahr. Der bis jetzt am höchsten verstrahlte Arbeiter in Fukushima bekam eine Dosis von 180 Millisievert ab. Das ist für „die größte Atomkatastrophe nach Tschernobyl" erstaunlich wenig. Ob dieser Arbeiter an Krebs erkranken wird, ist ungewiss. Wenn er 50 Jahre alt ist, hat er ohnehin schon über 100 Millisievert aus der natürlichen Erd- und Weltraumstrahlung aufgenommen. In manchen Gegenden der Welt beträgt die natürliche Strahlung das Doppelte oder Dreifache dessen, ohne dass dort die Menschen überdurchschnittlich häufig krebskrank werden oder früher stürben. 100 Millisievert sind also durchaus tolerabel, wenngleich natürlich der Grundsatz gilt, dass die aufgenommene Strahlendosis aus technischen Quellen so gering wie möglich bleiben sollte.

Strahlenerkrankungen und Todesfälle in Tschernobyl

Die Strahlenkrankheit ist ein deterministischer Schaden, eine direkte Verbindung von Ursache und Wirkung ist möglich. Anders sieht es bei zufälligen stochastischen Strahlenschäden aus. Sie erhöhen die Wahrscheinlichkeit, Jahre später an bestimmten Leiden zu erkranken. Im Vordergrund steht hier Krebs. Allerdings gibt es in der Regel kaum eine Möglichkeit, in diesen Fällen die Erkrankung auf einen Strahlenschaden im Erbgut zurückzuführen. Man sieht den Krebszellen nicht an, was sie hat genetisch entgleisen lassen. Stochastische Schäden lassen sich nur abschätzen.

Der mit Abstand größte stochastische Effekt durch Tschernobyl war ein dramatischer Anstieg von Schilddrüsenkrebs in der weiteren Umgebung des Kernkraftwerks – in erster Linie bei Personen, die zum Zeitpunkt der Katastrophe noch Kinder waren. 6848 Fälle von Schilddrüsenkrebs traten zwischen 1991 und 2005 bei Menschen auf, die 1986 unter 18 waren, fasst der aktuelle Bericht des wissenschaftlichen Ausschusses der Vereinten Nationen zur Untersuchung der Auswirkungen atomarer Strahlung (UNSCEAR) zusammen. 19 von ihnen sollen daran bis 2006 gestorben sein. Kinder, die nach 1986 geboren wurden, sind nicht betroffen.

Selbst die Wissenschaftszeitschrift „Spektrum" hatte Mühe, diese Zahl richtig einzuordnen. Der Anstieg von Schilddrüsenkrebsfällen um das Sechsfache wird in dem Artikel mit der Tschernobyl-Radioaktivität korreliert (Spektrum, 26. April 2016). Die Fallzahlerhöhung könnte aber auch auf dem Massenscreening beruhen. Eine wissenschaftliche Schätzung geht davon aus, dass 60 Prozent der Krebsfälle in Schilddrüsen bei weißrussischen Kindern zusatzstrahlungsbedingt sind, bei ukrainischen könnten es 30 Prozent sein. Nirgendwo wird die Referenzzahl genannt: Wie viele Kinder waren denn betroffen?

Zu Tode gekommen als direkte Folge der Reaktorkatastrophe gelten zwei Männer, die bei Unfällen während der ersten Notfallinspektionen ums Leben kamen, sowie 28 Aufräumarbeiter (Liquidatoren), die extrem hohen Strahlendosen ausgesetzt waren. 19 weitere Opfer des akuten Strahlensyndroms waren bis 2006 gestorben, nicht unbedingt durch die Strahlung selbst. Viele der überlebenden Opfer leiden an psychischen Störungen. Unter der halben Million Nothelfern gab es leicht erhöhte Raten von Hautschäden, Leukämie und grauem Star (Katarakt), jedoch keine weiteren Belege für strahlenbedingte Gesundheitsbeeinträchtigungen. Bis 2005 summierte sich die Zahl der weitgehend gesicherten Todesfälle durch Tschernobyl laut UNSCEAR auf 62.

Zu den am stärksten der Strahlung ausgesetzten Personen gehören rund 530.000 Menschen, die als Nothelfer eingesetzt waren, um die Folgen der Havarie zu bekämpfen. Die Angaben zur Zahl der Liquidatoren schwanken zwischen 600.000 bis 800.000. Die atomkritische Organisation IPPNW verlautbarte, „540.000 bis 900.000" Liquidatoren sollen invalide sein.

Die durchschnittliche effektive Dosis, der sie ausgesetzt waren, betrug 117 mSv. Stochastische Effekte durch Strahlung lassen sich etwa ab einer Dosis von 100 mSv beobachten „Das Risiko an einer strahlenverursachten Krebserkrankung zu sterben kann mit 1,2 Prozentpunkten pro 100 mSv angegeben werden", teilt das Bundesamt für Strahlenschutz dazu mit. Die „natürliche" Krebserkrankungsrate liegt bei rund 25 Prozent aller Todesfälle. Durch Tschernobyl steigt sie bei den Nothelfern auf 26,2 Prozent.

Der UNSCEAR-Bericht schließt mit den Worten, die große Mehrheit der Bevölkerung muss nicht weiter in ständiger Sorge um Folgeschäden aus dem Reaktorunfall von Tschernobyl leben. Das gelte umso mehr für Länder, die anders als Weißrussland, die Ukraine und Russland nicht direkt betroffen waren. Laut Bundesamt für Strahlenschutz betrug die zusätzliche Belastung in Deutschland im ersten Jahr nach dem Unfall maximal 50 Prozent der jährlichen natürlichen Hintergrundstrahlung von durchschnittlich 2,1 mSv. „Es gibt bisher keinen Nachweis, dass in Deutschland oder anderen Ländern Mitteloder Nordeuropas negative gesundheitliche Strahleneffekte durch den Tschernobyl-Unfall verursacht wurden", heißt es aus dem Amt.

Zum 25. Jahrestag der Tschernobyl-Explosion am 26. April sprach der Präsidenten der Ukraine, Wiktor Janukowytsch, ungewöhnlich vernünftige Worte. Auch im Rückblick auf die Tragödie von Tschernobyl glaube die Nation weiter fest an die Zukunft der Atomenergie, schrieb er in einem Zeitungsbeitrag. Nach Tschernobyl habe es keine Ausfälle und keine Funktionsstörungen an den vier ukrainischen Kraftwerken gegeben, von denen der ukrainische Staat über die Hälfte seines Stroms bezieht. Alle Reaktorblöcke wurden sicherheitstechnisch nachgerüstet. Wir dürften nicht vergessen, so Janukowytsch weiter, dass der GAU von Tschernobyl durch ein verantwortungsloses, ordnungswidriges Experiment mit der Handsteuerung der Sicherheitsanlagen ausgelöst wurde. Der Unfall beim japanischen Reaktor Fukushima sei dagegen die Folge des unvertretbaren Leichtsinns, Kernkraftwerke in einer geologisch aktiven Region zu bauen. Tschernobyl sei explodiert, weil man in einem miserabel konstruierten Reaktor ein gefährliches Experiment unternommen hatte. Die Katastrophe in Fukushima sei direkte Folge des Erdbebens in Kombination mit dem Tsunami. Und beides in bisher nicht gekannter bzw. nicht berücksichtigter Stärke.

Aber es wird weiter über Tschernobyl-Opferzahlen gestritten, nicht zuletzt aus politischen Motiven. In starkem Widerspruch zu den ausführlichen UN-Studien stehen unbelegte Behauptungen durch atomkritische Gruppen wie Greenpeace, Ärzte gegen den Atomkrieg (IPPNW) und die „Gesellschaft für Strahlenschutz", die nicht selten von Hunderttausenden von Opfern ausgehen. So behauptet IPPNW Deutschland, bis 2056 würden in Europa „knapp 240.000" zusätzliche Krebsfälle auftreten, Greenpeace spricht von 200.000 zusätzlichen Todesfällen in der Region im Zeitraum von 1990 bis 2004 und ein Vertreter der Privatinitiative „Gesellschaft für Strahlenschutz" behauptet, dass aufgrund der Strahlenbelastung 800.000 Kinder nicht geboren wurden.

Ein Rechenexempel: In den Jahren 1986 bis 2056 werden in Europa bei einer als konstant angenommenen Einwohnerzahl von 700 Millionen insgesamt 490 Millionen Menschen sterben. Bei einer über den Daumen gepeilten Krebssterberate von 25 Prozent wären 122,5 Millionen an Krebs Verstorbene zu beklagen. Die 240.000 von der IPPNW genannten „zusätzlichen Krebsfälle" machen eine Steigerung von 0,02 Prozent aus. Das geht im statistischen Rauschen unter.

Man hat den Eindruck, es könnten für Grüne, Greenpeace und IPPNW gar nicht genug Opfer geben. Je mehr, je lieber. Die zu den Jahrestagen aus den Fingern gesaugten Zahlen variieren in einer Spannbreite, die auf beliebiges Raten schließen lassen. Es geht auch gar nicht um Mitgefühl mit den Opfern, sondern um ein zynisches Spiel um die Definitionsmacht. Handelt es sich um eine Katastrophe von apokalyptischem Ausmaß oder um eine der immer wieder vorkommenden Unglücke unseres Industriezeitalters, vergleichbar etwa mit dem Chemieunglück 1984 im indischen Bhopal (2800 Tote)? Im ersten Fall ist der Atomausstieg gerechtfertigt. Im zweiten Fall könnte man die Risiken der unterschiedlichen Stromerzeugungsarten miteinander vergleichen. Man käme zu dem objektiv belegbaren Ergebnis, dass Kernenergie gemessen an Toten und Erkrankten besser abschneidet als die Kohleverstromung oder die Wasserkraft. 6000 Kohlekumpel sterben jährlich alleine in chinesischen Gruben – von den gesundheitlichen Folgen der staubigen Arbeit einmal ganz abgesehen.

Wenig erfuhren die Leser Anfang 2011 über Menschen wie den Ingenieur Boris Stoljartschuk, einer der vier Bediener der Schaltzentrale von Tschernobyls Block 4. Er überlebte, weil er im Kontrollraum blieb, während seine drei anderen Kollegen in den zerborstenen Reaktorraum rannten, um zu sehen, was los war. „Eine Zeitlang litt er zwar unter einem Mangel an weißen Blutkörperchen, aber mittlerweile wirkt er wieder kerngesund, ein Mann von leiser Fröhlichkeit", schrieb der FAZ-Journalist Konrad Schuller (21. April 2011). Stoljartschuk ist heute 53 Jahre alt.

Seit damals skandierten Demonstranten „Tschernobyl ist überall", was immer schon ein eklatanter Unsinn war. Tschernobyl war nicht überall, sondern Tschernobyl war nur in Tschernobyl, und von der verstrahlten Wolke, die über Europa hinweg zog und abregnete, blieb lediglich eine 30 Kilometer-Evakuierungszone. Dieses Areal ist wesentlich kleiner als das, was durch die Braunkohle-Bagger der DDR landschaftlich verwüstet wurde. Die Radioaktivität um Tschernobyl herum ist jetzt soweit abgeklungen, dass man sich dort gefahrlos aufhalten kann, sofern einige Vorsichtsmaßnahmen eingehalten werden. Frische Lebensmittel könnten von außerhalb angeliefert werden, das dürfte doch eigentlich kein logistisches Problem sein. Was ist schlimmer? Eine kleine zusätzliche Strahlendosis in der Heimat oder der Verlust der Heimat? Die Erhöhung des Alkohol- und Zigarettenkonsums dort hat mehr Schaden verursacht als die radioaktive Belastung (siehe *Nature*, Nr. 471, S. 562-565; 2011). Die psychosoziale Verunsicherung hat die größere Wirkung auf die öffentliche Gesundheit als eine geringe zusätzliche Strahlenbelastung.

Die Einstufung des Fukushima-Ereignisses auf die Stufe 7 in der internationalen INES-Skala erscheint reichlich seltsam. Dem Vernehmen nach wurden beim Tschernobyl-Unglück 100 bis 1000 mal mehr Becquerel-Einheiten freigesetzt, als bis Mitte April 2011 in Fukushima. Entweder müsste Tschernobyl auf die nicht existierende Stufe 9 angehoben werden oder Fukushima in der Stufe 5 der INES-Skala verbleiben.

Hundertprozentige Sicherheit gibt es nie

Aus Untersuchungen ist bekannt, dass Menschen nur schlecht zwischen verschiedenen Risiken unterscheiden können. Je gravierender die Gefahr, je weniger steuerbar das Ereignis, je emotionaler das Thema, desto weniger beruhigt die Reduktion des Risikos. Offenbar beruhigt nur das Nullrisiko nachhaltig, vielleicht aber auch nicht, weil sich dann die freischwebende Angst ein anderes Thema sucht. Die verleitet dazu, übermäßig viel Geld zu investieren, um ein winziges Restrisiko komplett aus der Welt zu schaffen. In fast allen Fällen hätte man dieses Geld besser investiert, um eine viel größere Reduktion eines viel größeren Risikos zu erzielen. Das Verbot der „Verunreinigung" von nicht genetisch veränderten Lebensmitteln mit genetisch veränderten Lebensmitteln beispielsweise kostet Unsummen Geldes. Dabei stellt ein Maiskorn aus einer genetisch veränderten Pflanze unter 999 Körnern von konventionell gezüchtetem Mais gesundheitlich nicht das geringste Problem dar. Es geht hier um die Ideologie der absoluten Trennung, um Sortenreinheit, um „Rassereinheit".

Im Straßenverkehr (wie in der Kerntechnik) ist das Null-Risiko nur zu erreichen, wenn man das Tempolimit auf 0 km/h reduziert. Auf dem Gebiet des Individualverkehrs nehmen die Nationen vernünftigerweise eine statistisch bestimmbare Anzahl Toter und Verletzte pro Jahr in Kauf. Auch vor dem internationalen Terror gibt es letztendlich keinen absoluten Schutz. Man müsste jedem einzelnen Menschen einen Polizisten zuteilen und je einen Polizisten für jeden Polizisten. Solche Gesellschaften sind nicht lebensfähig.

Man sollte sie von der Vorstellung des Nullrisikos verabschieden, fordert Rolf Dobelli, ein Schweizer Schriftsteller und Unternehmer. „Lernen Sie damit zu leben, dass nichts sicher ist – weder Ihre Ersparnisse noch Ihre Gesundheit, Ihre Ehe, Ihre Freundschaften, Ihre Feindschaften, Ihr Land." (*Frankfurter Allgemeinen Zeitung*, 7. März 2011, S. 28)

Als in Berlin innerhalb weniger Monate auf Bahnhofsbahnsteigen mehrere Männer von Jugendlichen blutig zusammengeschlagen wurden, konnten einige Täter dank Videoaufnahmen rasch gefasst werden. In den Zeitungen wurde die Forderung erhoben, die Polizei müsste wieder mehr Streife laufen und Präsenz zeigen. Zugleich hieß es mahnend in einem Kommentar: „Hundertprozentige Sicherheit gibt es nicht. Trotz Kameras und mehr Polizei im Nahverkehr: brutale Attacken, unmotiviert und blindwütig, wird es leider auch künftig in Berlin geben". Das ist wahr gesprochen.

Risiken ganz auszuschließen würde bedeuten, auch die chemische Industrie abzustellen. Jürgen Hambrecht, einziger Industrievertreter in der so genannten Ethik-Kommission der Bundesregierung für die Zukunft der Kernenergie, sagte in einem Interview (FAZ, 26. März 2011, S. 12), wer für einen hundertprozentigen Risikoausschluss ist, will eine unmögliche Welt. Wer kein Wachstum will, sollte sich darüber im Klaren sein, welche sozialen Folgen das hat. Wenn man das möchte, muss man das der Bevölkerung deutlich sagen.

Helmut Küchenhoff, Professor für Statistik an der Ludwig-Maximilians-Universität München, hat folgendes Gedankenexperiment vorgeschlagen. Es gibt etwa 15.000 kommerziell betriebene Großflugzeuge auf der Welt. Nehmen wir an, es gäbe 15.000 Kernkraftwerke weltweit (tatsächlich sind es etwa 440) und vergleicht deren Risikopotenzial als technische Systeme. Flugzeuge sind in Unglücke verwickelt, teils durch technische Pannen, teils durch Bedienungsfehler. Die Anzahl gravierender Unfälle mit kommerziellen Flugzeugen beträgt dabei im Durchschnitt der vergangenen dreißig Jahre etwas über zwanzig pro Jahr.

Küchenhoff setzt diese Zahl von Flugzeugunfällen mit der erwarteten Anzahl von Unfällen in den angenommen 15.000 Kernreaktoren in rechnerische Beziehung. Es zeigt sich, dass ein Reaktor als technisches System betrachtet sicherer ist als ein Flugzeug, und zwar zehnfach. Das bedeutet, dass das Risiko eines Unfalls bei einem Kernreaktor bei etwa einem Zehntel des Risikos eines Flugzeugabsturzes liegt („Nach Fukushima stellt sich die Risikofrage neu", FAZ, 30. März 2011). Wer sich einem Flugzeug anvertraut, tut das in der Regel freiwillig. Der Arbeit eines Kernkraftwerkes (wie allen stationären Anlagen und vielen weiteren Risiken) aber ist man mehr oder weniger ausgeliefert. Aber man will den Strom.

Jede Form der Energieerzeugung beinhaltet Risiken. Beispielsweise forderte die Erzeugung von Strom aus Kohle pro erzeugter Energiemenge mehr Tote als die Kernenergie, selbst wenn man das Unglück von Tschernobyl, den Uranabbau und die Brennelementeherstellung mitberücksichtigt. So starben in der Volksrepublik China allein im Jahre 2004 nach offiziellen Angaben über 6.000 Minenarbeiter bei Grubenunglücken, nach inoffiziellen Schätzungen sollen es sogar 12.000 sein. Die Toten durch Feinstaubbelastung kommen noch hinzu. Selbst Wasserkraft birgt Risiken. Bei Staudammbrüchen starben seit den 1970er Jahre mehrere zehntausend Menschen. Bei Ausstieg aus der Kernenergie würden auch Kohle und Wasserkraft mehr genutzt werden, mit entsprechenden Risiken.

Wenige Tage nach Fukushima ereignete sich eine Gasexplosion in einer mexikanischen Mine. Mindestens fünf Bergleute kamen ums Leben, mindestens einer wurde schwer verletzt und neun weitere wurden eingeschlossen, als ein Schacht einstürzte. Niemand nannte die Kohleförderung „unbeherrschbar" und niemand forderte einen „sofortigen Ausstieg aus der Kohleförderung". Es erinnerte auch niemand an ein ähnliches Unglück in der gleichen Mine San Juan de Sabinas vor fünf Jahren, als 63 Bergleute ums Leben kamen.

„Das Wahrscheinliche und das Unwahrscheinliche unterscheiden sich nicht dem Wesen nach, sondern nur der Häufigkeit nach, wobei das Häufigere von vornherein als glaubwürdiger erscheint. Es ist aber, wenn einmal das Unwahrscheinliche eintritt, nichts Höheres dabei, keinerlei Wunder oder Derartiges, wie es der Laie so gerne haben möchte. Indem wir vom Wahrscheinlichen sprechen, ist ja das Unwahrscheinliche immer schon inbegriffen und zwar als Grenzfall des Möglichen, und wenn es einmal eintritt, das Unwahrscheinliche, so besteht für unsereinen keinerlei Grund zur Verwunderung, zur Erschütterung, zur Mystifikation" (aus Max Frisch: Homo faber, Suhrkamp, S. 26).

Auch alternative Energieerzeugungsarten beinhalten unkalkulierbare Restrisiken. Der oftmals an die Wand gemalte Angriff von Terroristen durch gezielte Flugzeugabstürze braucht sich nicht gegen ein Kernkraftwerk, sondern kann sich auch gegen Wasserkraftwerke mit Talsperren richten; dann haben wir eine Tsunami-Welle im Binnenland. Am Morgen den 12. Juni 1961 wurden in Südtirol zwei zu Wasserkraftwerken führende Hochdruckwasserleitungen in die Luft gesprengt. Separatisten bombten für die territoriale Rückkehr nach Österreich. Zum gleichen Zeitpunkt zündeten sie Sprengsätze an 37 Hochspannungsmasten. Wer schützt diese blank daliegende Strom-Infrastruktur?

Die weitere Verfeuerung fossiler Brennstoffe wird den Gehalt von CO_2 in der Luft weiter erhöhen. Die CO_2-Emissionen sind hoch wie nie. Die CO_2-Minderungsziele dürften in fast allen Nationalstaaten als Makulatur betrachtet werden. Statt Klimaschutz haben wir jetzt Energiewende.

Vielleicht kollidiert demnächst ein Tanker mit einem der vielen Offshore-Windkraftanlagen, wird aufgerissen und verseucht die Küste. Die Feuerungsanlagen von Biomasse werden möglicherweise auf Holz aus dem Regenwald zurückgreifen müssen. Fotovoltaik kann in den sonnenarmen Wintermonaten den Strombedarf nicht annähernd decken. Der Herstellungsprozess der Solarpaneelen ist sehr energieintensiv. Wir in Deutschland werden nicht weniger, sondern mehr Strom benötigen, und zwar für die zunehmende Elektrifizierung des Schienenverkehrs und für Elektroautos.

Risiken lauern überall

Unbekannte und unbeachtete Risiken lauern überall. Vor dem 11. September 2001 war der beabsichtigte Einschlag von zwei Flugzeugen in das World Trade Center in New York ein zuvor nicht beachtetes, unbekanntes Risiko. Das Risiko eines Ausfalls der Kühlung durch ein Mega-Erdbeben und ein Monster-Tsunami war es auch. Soll man weltweit auf den Bau von Hochhäusern verzichten? Die Wahrscheinlichkeit, dass Terroristen ein Flugzeug auf eine Atomanlage steuern, ist extrem niedrig. Es könnte ja auch ein Meteoritenschauer niedergehen. Ein Meteoritenschauer könnte aber auch auf eine chemische Anlage niedergehen, oder – viel wahrscheinlicher – auf einen der üblichen Staus auf der Autobahn. Vielleicht sollten wir das Leben in Deutschland generell einstellen.

Nicht nur Technologien scheinen „nicht beherrschbar", auch der Mensch ist es letztlich nicht. Den letzten Beweis dafür liefert die Flensburger Verkehrssünderkartei. Dort waren im April 2010 rund neun Millionen Fahrer mit ihren Punkten registriert. Ist der moderne Deutsche ein Versager am Steuer? Kann die Bundesregierung tatenlos zusehen, wie Millionen von unfähigen Autofahrern die Straßen bevölkern? Die Großtechnologie „individuelle Mobilität" mit rund 3500 Toten pro Jahr nehmen nur wenige als Argument, den Individualverkehr komplett aufzugeben. Aber sie erwarten zu Recht, dass Automobilhersteller, Straßenbauer und Kraftfahrer immer verantwortungsbewusster mit dieser Technik umgehen und daran arbeiten, die Zahl der Toten und Verletzten *mit vertretbaren Kosten* zu reduzieren.

Diese Haltung muss auf die Großtechnik Kernkraftwerke übertragen werden. Individueller Straßenverkehr ist heute nur noch ein Fünftel so gefährlich wie 1950, oder umgekehrt: fünfmal sicherer im Vergleich zu damals, als die Bundesrepublik 20.000 Todesopfer im Straßenverkehr zu beklagen hatte, bei wesentlich weniger Fahrzeugen mit Explosionsmotor. Warum, so möchte man weiter fragen, sollte aus einer Technik ausgestiegen werden, die – wie auch die Kernkraft – immer sicherer wird?

Nie lebte der Mensch sicherer als heute

Vermutlich noch nie in der Geschichte der Menschheit leben die Menschen so gesund, so lange und so sicher wie gerade heute. Technik hat daran einen entscheidenden Anteil. Man denke nur an Kühlschränke, die die Zahl der Infektionen durch verdorbene Lebensmittel drastisch gesenkt haben. Muss noch extra daran erinnert werden, dass Kühlschränke mit Strom betrieben werden? Und wäre es nicht wünschenswert, wenn der Strom dafür kontinuierlich vorhanden ist? Warum wollen das viele Menschen ausgerechnet bei der Kernenergie nicht einsehen?

Pikanter Weise arbeiten die Kernkraftgegner an der Unsicherheit von deutschen Kernkraftwerken. Es stimmt, dass es in Deutschland und auch anderswo ältere Anlagen gibt. Die Erfahrung lehrt, dass ältere Anlagen Dank ständiger Nachrüstung und Kontrolle nicht störanfälliger sind als neuere. Diese könnten noch sicherer sein, wenn es Neubauten gäbe. Im Prinzip torpedieren die Kernkraftgegner die Konstruktion „sicherer" Anlagen. Ihr Argument, mit der Abschaltung alter Anlagen lebten die Deutschen sicherer, ist ein Hirngespinst. Das Gegenteil ist der Fall. Grüne Wahnvorstellungen machen das Leben in Deutschland unsicherer.

Auch die Debatte um eine „sichere" Endlagerung ist scheinheilig. Einerseits wird in Richtung auf Kernenergiekonzerne anklagend hervorgehoben, dass es in Deutschland kein Endlager für hochradioaktiven Abfall gibt. Andererseits wurde von den Anti-Kernkraft-Lobbyisten alles getan, um genau das zu verhindern, und sei es unter Einsatz körperlicher Gewalt. Zudem nimmt die Strahlengefährlichkeit mit der Zeit kontinuierlich ab. Isotope zerfallen und strahlen dann auch nicht mehr.

Und um noch einen Aspekt anzusprechen: die Atommülltransporte aus Frankreich nach Gorleben. Wenn diese Fracht so gefährlich ist, wie behauptet, dann wäre es ein Gebot der Vernunft, den Transport so zügig wie möglich abzuwickeln, statt ihn zu behindern, wo es nur geht. Die unausgesprochene Strategie der gewaltbereiten Gegner ist es, die polizeilichen Kosten für die Transportsicherheit so weit hochzuschrauben, dass irgendwann die Entscheidungsträger in Politik und Wirtschaft das Handtuch werfen.

Viele (nicht alle) Menschen verdrängen die täglichen Gesundheitsgefährdungen. Die Journalistin Christina Hucklenbroich (FAZ, 11. Juni 2011) wies angesichts der EHEC-Hysterie auf die tägliche Gefährdung einer Magen-Darm-Infektion durch unsachgemäß bereitete Nahrung hin. „Jedes Pfund Mett, jedes Ei, jede Tomate und überhaupt jedes Agrarprodukt birgt in unerhitztem Zustand Risiken – mal ein größeres, mal ein kleineres, aber nie keines. ... Mehr Sicherheit gibt es nur mit mehr Wissen, besserer Aufklärung und höherer Bildung. Dazu gehören naturwissenschaftliche Kenntnisse; aber auch Schulunterricht in Hauswirtschaftslehre und Kochen könnte dazu beitragen.“

Sind Uranvorkommen endlich?

Die Umweltorganisation Greenpeace hat im Jahr 2006 eine Studie über die Reichweite der Uranvorräte der Welt erstellt. Nach dieser können die heute bekannten Uranvorräte einen steigenden Bedarf nicht decken. „Unter Berücksichtigung verschiedener Szenarien zur weltweiten Entwicklung des Kraftwerkbestandes, scheinen die Uranvorräte etwa zwischen 2026 und 2070 erschöpft. Geht man davon aus, dass Atomkraft tendenziell rückläufig ist, mit Ausbaubemühungen nur weniger Länder, werden die Vorräte nach realistischen Schätzungen bis circa 2050 reichen."

„Selbst wenn wir kalkulieren, dass die Preise für Uran enorm steigen und damit die Ausbeutung bislang unwirtschaftlicher Minen interessant wird, sind die Uranlager in spätestens 70 Jahren erschöpft", sagt auch Werner Zittel, Energieexperte bei der Ludwig Bölkow Systemtechnik GmbH in Ottobrunn.

Die zuverlässigste und vollständigste Quelle über die Versorgung mit Uran ist der seit 1965 alle zwei Jahre erscheinende Bericht „Uranium: Resources, Production and Demand", der gemeinsam von der Nuclear Energy Agency der OECD (OECD/NEA) und der International Atomic Energy Agency (IAEA) der Vereinten Nationen herausgegeben wird.

Die insgesamt „identifizierten" und zu jetzigen Preisen abbaubaren Ressourcen (Stand 1. Januar 2009) betrugen 5.404.000 Tonnen Uran (tU). Bei einer gleichbleibenden Uranproduktion von 43.880 tU jährlich (Stand 2008) reichen die Vorräte noch mindestens 47 Jahre und bei Bestätigung verwertbarer Vorkommen 123 Jahre. Das ist mehr als beim Erdöl, in etwa gleich dem Erdgas und deutlich weniger im Vergleich zu Braunkohle und Steinkohle. Auch die Nuklearenergie ist – wie alle anderen Brückentechnologien – erschöpflich und daher eine zeitlich begrenzte Alternative. Diese Berechnungen gehen davon aus, dass es keine Technologie zur Wiederaufarbeitung und zum Recycling von Brennstäben gibt. Gäbe es eine fortschrittliche Technik zum Recyceln, würden die Vorräte 1000 Jahre und mehr halten. Warum nur verteufeln die Grünen die Kerntechnik?

Der FAZ-Leser Horst Trummler (Vandale6906) rechnet vor: „Gemäß des Club of Rome und der Schätzungen, die [der frühere grüne Umweltminister Jürgen] Trittin machte, wären die Uranvorkommen bereits heute erschöpft.

Greenpeace hat ähnliche Studien mit einer sehr kurzen Reichweite veröffentlicht um die Herzen seiner gläubigen Anhänger zu erfreuen. In der Realität enthält die Erdkruste Billionen Tonnen Uran und Thorium. Die Reichweite der Reserven hängt von der Technologie und dem Preis ab. ... Zu Preisen von 100 $/Kg [gleichbedeutend mit Zusatzkosten von 0,1 Cent pro Kilowattstunde Strom] reichen die bekannten Vorkommen bei der Nutzung der Phosphate einige Jahrhunderte (OECD). Wenn man Preise von 500 $/kg [0,4 c/KWh] akzeptiert: einige Jahrtausende. Wenn man Schnelle Reaktoren mit hohem Brutfaktor nutzt, so könnte man auch ein durchschnittliches Gestein abbauen; kosten 0,7 c/KWh, und die Uranvorkommen reichen Millionen Jahre. Die menschliche Zivilisation wird nicht mangels Ressourcen verschwinden, sondern eher an internen Schwächen wie dem seltsamen Ökoglauben."

Sonnenenergie ist nicht beherrschbar

Geben wir uns dem Gedankenexperiment hin, das Wort Radioaktivität durch Sonnenstrahlung zu ersetzen. Sonnenstrahlung ist nachweislich schädlich. Wiederholte Sonnenbrände können Hautkrebs auslösen. Die Zahl der diagnostizierten Hautkrebsfälle steigt weltweit. Durch direkte Sonnenstrahlen kann man blind werden. Die Schäden durch verdorrte Ernten sind immens. Sommerliche Hitzewellen kosten allein in Europa jährlich Tausenden von meist alten Menschen das Leben. Schlechte Steckverbindungen und mangelnde Wartung führen bei Solarstromanlagen auf Dächern zu Bränden, meldete das Bayerische Fernsehen in der Sendung „Geld & Leben" am 21. November 2011. Insgesamt seien schon 40 Brände auf Bauernhofdächern mit Solaranlagen gezählt worden. Zeitungen schrieben von „Pannenserie" und einer Steigerung um 300 Prozent in nur zwei Jahren. Ein Defekt in einem Wechselrichter in einer Solarstromanlage auf einer Sporthalle in Burgdorf (seit April 2011 in Betrieb) führte zu einem Großbrand, bei dem die Sporthalle zerstört wurde. Der Sachschaden betrug 750.000 Euro. Demonstranten forderten am 3. November 2011 auf dem Burgdorfer Marktplatz einen sofortigen Stopp des Solaranlagenbaus.

Wenn man als Zeitungsleser nur diese (teilweise ausgedachten) Informationen hätte und jeden Tag neue Schreckensmeldungen über den verheerenden Einfluss der Sonne läse, würde man davon ausgehen, dass Sonne und Sonnenstrahlung prinzipiell gefährlich sind und Häuser besser ohne Fenster gebaut werden sollten.

Auch diese Meldung ist nicht echt: Wissenschaftler warnten Anfang April 2011 vor einer wachsenden Sonnenbrandgefahr in Europa. Das Ozonloch über der Arktis könne in den nächsten Wochen über Mitteleuropa driften und sich bis zum Mittelmeer erstrecken, sagte ein Physiker vom Alfred-Wegener-Institut in Bremerhaven. Wenn immer mehr Handwerker unter freiem Himmel Solaranlagen bauen und warten, wird es zu einem Anstieg der Hautkrebsrate kommen. Die Arbeiter werden Sonnenstrahlen-Dosimeter tragen müssen, die Betriebe werden sich gegen Schadensersatzansprüche früherer Mitarbeiter versichern müssen. Werden Versicherungen dieses unkalkulierbare Risiko versichern?

Und erst die Kinder! Es ist nicht auszuschließen, dass schon eine kindliche hochsommerliche 15-Minuten-Einstrahlung 30 Jahre später zu Hautkrebs führen kann. Es gibt keine lineare Sonneneinstrahlung-Hautkrebs-Korrelation. Vielmehr hat man herausgefunden, dass auch kleinste Sonnenquanten beim Menschen Krebs hervorrufen können. Ein sofortiges Spielplatz- und Schwimmbadverbot sei das Mindeste, forderten Greenpeace, BUND und IPPNW.

Die Befürworter der Sonnenenergie werden sagen, dass die Menschheit mit der Sonne großgeworden ist und ohne Sonne kein Leben auf der Erde existieren würde. Und was ist mit der Radioaktivität? Ist nicht auch damit die Menschheit großgeworden. Ist der radioaktive Zerfall nicht eine Grundtatsache der Physik? Können all die Atomkraftgegner erklären, was Strahlung ist, wissen sie, wie viel Strahlung sie jeden Tag abbekommen, auch ohne Kernkraftwerke? Wie viele radioaktive Isotope enthält eine Banane, eine Tageszeitung, ein menschlicher Körper? Wissen die Gegner, was bei einer Kernschmelze passiert, und warum sie auch wieder aufhört? Ist ihnen klar, dass dabei Jod- und Cäsium-Isotope nicht unbegrenzt neu gebildet werden können? Wenn sie so große Angst vor ein klein wenig zusätzlicher radioaktiver Strahlung haben, warum haben sie keine Angst vor der krebserzeugenden Sonnenstrahlung?

Natürlich wäre es Irrsinn, die Angst vor Sonnenstrahlen und Krebsgefahr gebetsmühlenhaft zu dramatisieren, so dass schließlich eine Mehrheit der Bevölkerung in gefühlsbetonte Panik verfällt und unbedachte Entscheidungen trifft. Die Antwort auf die Atomkraft-Hysterie kann vernünftiger Weise nicht eine paranoide Angst vor Sonnenstrahlen und Wind sein, sondern ein Verzicht auf die Falschaussage, Kernenergie sei gefährlich. Aber es könnte sein, dass andere „Wutbürger" ihre Hemmungen fallen lassen und – die Grünen und andere Umweltorganisationen als Vorbild nehmend – die irrationale Karte spielen. Wenn sich idiotische Argumente durchsetzen, warum dann nicht meine Idiotie? Diese Entwicklung wäre fatal. Die Zukunft kann nur in der Rückkehr zur Urteilskraft liegen.

Murphys Gesetz

Bei der bizarren Debatte um Sicherheit darf Murphys Gesetz nicht fehlen: „Alles, was schiefgehen kann, wird auch schiefgehen." („Whatever can go wrong, will go wrong.") Eine Variante des Themas lautet: „Wenn es mehrere Möglichkeiten gibt, eine Aufgabe zu erledigen, und eine davon in einer Katastrophe endet oder sonst wie unerwünschte Konsequenzen nach sich zieht, dann wird es jemand genauso machen." („If there's more than one possible outcome of a job or task, and one of those outcomes will result in disaster or an undesirable consequence, then somebody will do it that way.")

Das Gesetz wird gern auf die Kernkraft angewandt: irgendein Meiler wird sicherlich in die Luft fliegen, das sei so sicher wie das Amen in der Kirche. Das Gesetz ist aber falsch, wie schon der pure Augenschein belegt. Heutzutage funktioniert vieles sehr lange und gut, und wenn etwas kaputt geht, dann tritt meistens nicht der schlimmstmögliche Fall ein. Im Gegenteil, die Zuverlässigkeit von Systemen (wie bspw. das Auto oder der Strombezug) ist so gesteigert worden, dass selbst kleinste Ausfälle viele verwöhnte Menschen in helle Wut versetzen. Da viele Menschen eher pessimistisch denken, bemerken und beurteilen sie vorwiegend die negativen Ereignisse. Die positiven sind für sie eher selbstverständlich und fallen weniger auf. Das nennt der Psychologe selektive Wahrnehmung. Gerade die auffälligen und seltenen Ereignisse werden gerne überschätzt (siehe Wikipedia-Eintrag „Murphys Gesetz", Version vom 15. Mai 2014).

Murphys Gesetz scheint etwas mit Wahrscheinlichkeiten zu tun zu haben, aber die Eintrittswahrscheinlichkeit *eines* Fehlers wird mit 100 Prozent angesetzt. Das widerspricht aller Erfahrung und der Empirie. Das Gesetz scheint eher mit Entropie zu tun zu haben: Wird ein System nur alt genug, wird es irgendwann kollabieren. Das ist bei alten Häusern und bei alten Menschen gut zu beobachten. Auf lange Sicht sind wir alle tot. Auf lange Sicht wird irgendein Akteur unter vielen anderen Akteuren einen Fehler machen (die anderen aber nicht). Auf lange Sicht wird ein Gerät unter vielen anderen Geräten vorzeitig ausfallen (die anderen aber nicht). Auf lange Sicht wird es eine Kernschmerze in einem Reaktor geben (bei den anderen aber nicht). Murphys Gesetz bezieht sich auf die menschliche (technische) Tätigkeit, und da geht keineswegs alles schief, es geht vielmehr sehr vieles sehr lange gut.

Es wurde von Wissenschaftlern spaßeshalber „Yhprums Gesetz" formuliert, welches lautet: „Alles, was funktionieren kann, wird auch funktionieren." Aber auch das ist zu einfach. In meiner Version müsste es heißen: „Alles, was mit Sorgfalt getan und konstruiert wird, wird über die Zeit gesehen mit großer Wahrscheinlichkeit mit geringen Ausfällen funktionieren" (Mackenthuns Gesetz).

Das Jammern über die Risiken von Techniken ist grundlegend verlogen. Wer glaubt, Technikkatastrophen würden die Grundlagen unseres Menschseins zerstören, möge bitte auf diese Technik verzichten. Er möge verzichten auf das Internet mit ihren energiefressenden Servern, auf die Datennetze mit ihren herumschwirrenden Trojanern und Viren, auf den bargeldlosen Zahlungsverkehr, auf die Bestellung per Internet (und wieder mit dem Wagen von Laden zu Laden fahren, um ein passendes Geschenk zu finden), er möge verzichten auf die elektronische Heiztemperaturregelung, auf den Kühlschrank und die Klimaanlage, auf die Snooze-Funktion des elektrischen Weckers, auf Aluminiumkarosserien, auf das beheizte Schwimmbad, auf elektronische Ampel- und Stauregelungen und auf sein Handy mit mobiler Internetfunktion. Ich kenne niemanden, der all das auch nur ansatzweise in Erwägung zieht. Die Debatte hierzulande wird mit doppeltem moralischen Standard geführt.

RESTRISIKO: FALSCH VERSTANDENE SICHERHEIT

Kernkraftgegner arbeiten mit zwei Hauptargumenten: Kernenergie ist gefährlich bzw. unsicher und es gibt kein Endlager. Die größte Verwirrung besteht derzeit bezüglich des Begriffs „sicher" und „gefährlich". Der Philosoph Carl F. Gethmann (Universität Duisburg-Essen) bemerkte dazu (im *Tagesspiegel* Berlin, 15. Mai 2011, S. 8), „die Frage, ob eine großtechnische Anlage ‚sicher' ist, ist falsch gestellt, ähnlich der Frage, ob Tomaten ‚gesund' sind." Die Unbrauchbarkeit der Aussage zeigt sich an anderen Beispielen: Ist es ‚sicher', Kinderwagen in Hausfluren abzustellen? Wer denkt, „natürlich", liegt völlig daneben. Das Abstellen von Kinderwagen in Hausfluren ist uneingeschränkt gefährlich. Pyromanen könnten sie anzünden und die Bewohner durch Rauchvergiftung und Feuer verletzen oder töten. Das ist in Berlin passiert; es starben zwei Kinder und ein Erwachsener an Rauchvergiftung. Außerdem sind Kinderwagen nicht gegen Terrorangriffe und Flugzeugabstürze geschützt.

Gethmann drückt aus, was auch ich denke: „Anlagen werden auf eine bestimmte Sicherheit hin ausgelegt und das heißt, dass eine Auslegung sicherer oder weniger sicher ist als eine andere. Eine Anlage, die ein Kühlsystem aufweist, ist weniger sicher als eine andere, die zwei autonome Kühlsysteme hat usw. Unendlich viele autonome Kühlsysteme kann es aber nicht geben. Die politische Rhetorik sollte also unbedingt auf die komparative Verwendung von ‚sicher' umschalten. Sonst suggeriert die Rede von Sicherheit dem Bürger, eine großtechnische Installation sei nur ‚sicher', wenn störfallbedingte Schäden ‚ausgeschlossen' werden können. Ausschließen kann niemand etwas."

Was ein (oder zwei) Endlager angeht, so wurde bereits darauf hingewiesen, dass das nichtrückholbare Vergraben derzeit keine sinnvolle Strategie ist. Der schon erwähnte FAZ-Leser Horst Trummler (Vandale6906) gibt zu bedenken: „Allerdings ist die Endlagerfrage eine religiöse Frage. Gemäß der Vernunft bieten sich in Deutschland Salzstöcke an. Analog der gewaltigen Giftmüllmengen der Solarzellen und anderen Giftmülls, der beispielsweise in das Salzbergwerk Herfa-Neurode eingelagert wird, kann man den Atommüll in Salzbergwerken ideal einlagern. (Übrigens verliert Giftmüll niemals seine Toxizität, während radioaktiver Abfall mit der Zeit zu nicht-strahlendem Material wird.)

In Deutschland hat man technisch sehr erfolgreich das Salzbergwerk in Asse genutzt. Die USA haben dies für die WIPP-Anlage zur Lagerung ihres militärischen hochradioaktiven Abfalls übernommen. Der Salzstock in Gorleben bietet sich an. Alternativ kann man Atommüll auch recyceln, sprich wiederum nutzen. Dies wurde seinerzeit von [Umweltminister] Trittin verboten, um die ungelöste Endlagerfrage zu schaffen. Insgesamt sind die sehr geringen Mengen an Sondermüll ein großer Vorteil für die Kernenergie." Abraumhalden, Pumpwasserbecken, Solarpanel auf Wiesen und Stauseen nehmen viel mehr Platz weg.

Sehr geringe Risiken sind schwer bis gar nicht zu berechnen. Wie soll man etwas berechnen, was gegen null tendiert? Für häufige Ereignisse funktioniert die „probabilistische Sicherheitsanalyse" (PSA). Die Methode ist die der Ereignisbaumanalyse. Man geht von einem Ereignis aus, etwa ein Leck oder ein Stromausfall, und je nachdem was passiert, fächert sich der mögliche Weg der weiteren Entwicklung auf. Diese weitere Entwicklung wird gestoppt, wenn Sicherheitssysteme und -maßnahmen funktionieren. Selbst wenn ein Sicherheitsaspekt versagt, sind oftmals mehrere redundante sicherheitsrelevante Systeme installiert. Die Wahrscheinlichkeit, dass alle Systeme ausfallen, verringert sich mit der Zahl der parallel vorhandenen Systeme. Es müssten Sicherheitssysteme gleichzeitig oder nacheinander versagen, damit es zu einer Kernschmelze kommt. Alle Kernkraftwerkbetreiber sind ständig dabei, Schwachstellen der Sicherheit zu analysieren und Anforderungen für Nachrüstungen vorzuschreiben, die das Gesamtrisiko mindern. Ereignisse, deren Eintrittswahrscheinlichkeiten nicht quantifizierbar sind, können in diesen Szenarien und Analysen nicht berücksichtigt werden, etwa terroristische Angriffe oder Kriege.

Kernkraftgegner glauben, eine Schwachstelle erkannt zu haben. Sie argumentieren damit, dass Kernkraftanlagen nicht gegen Terrorismus oder Flugzeugabstürze geschützt seien. Das ist natürlich Unsinn. Die Anlagen sind gut gesichert, durch Zäune und Kameras, Sicherheitsschleusen und Räume mit begrenztem Zutritt. Wie Terroristen an hochradioaktive Stoffe in einem Kraftwerk kommen, müsste erst einmal in einer ernsthaften probabilistischen Sicherheitsanalyse (PSA) durchgespielt werden. Auch Flugzeugabstürze, gewollt oder durch Zufall, sind derart unwahrscheinlich und damit unquantifizierbar. Sie können ebenso wenig in eine Sicherheitsanalyse einfließen. Wenn es überhaupt industrielle Anlagen gibt, die gegen Flugzeugabstürze gesichert sind, dann Kernkraftwerke mit einer Schutzkuppel. Jede chemische Fabrik stellt für Terroristen ein lohnenderes Ziel dar, ebenso die ungeschützt daliegende Strom-Infrastruktur. Im Juni 1961 wurden 37 Hochspannungsmasten und acht Eisenbahnmasten von Südtiroler Separatisten gesprengt.

In einer PSA können Szenarien, die zwar denkbar, aber in ihrer Wahrscheinlichkeit nicht quantifizierbar sind, nicht berücksichtigt werden. Das Argument der Gegner verfängt nicht. Terrorangriffe und Flugzeugabstürze sind keine realen Risiken, also kann auch kein Unfallrisiko berechnet werden. Kleine Eintrittshäufigkeiten heißen nicht, dass Unfälle praktisch ausgeschlossen sind. Da praktisch nichts ausgeschlossen werden kann, wo immer Menschen oder Naturgewalten wirken, müssten nach Logik der Kernkraftgegner nicht nur Kernkraftwerke, sondern buchstäblich die gesamte Industrie, der gesamte Verkehr, die gesamte Stromerzeugung, die gesamte Lebensmittelproduktion und – wegen Infektionsgefahr – alle Krankenhäuser eingestellt und aufgegeben werden. Geringe Wahrscheinlichkeiten von beispielsweise 1 zu 100.000 pro Jahr schließen nicht aus, dass das betrachtete Ereignis schon morgen eintritt – oder erst in 200.000 Jahren. Die Vorhersage des Zeitpunktes ist unmöglich. Die Angst davor führt, konsequent zu Ende gedacht, in die Paralyse. Das Restrisiko nicht berechnen und angeben zu können, ist keineswegs eine Gemeinheit profitgieriger Konzerne, sondern schlicht die Begrenztheit menschlicher Mathematik. Die Kritiker haben ja auch keine bessere Methode.

Die Freiheit hat ihren Preis, nämlich Risiko und Unsicherheit. Sicherheit allein macht nicht glücklich. Ein „Restrisiko“ hinzunehmen erhöht die Freiheit. Man kann auf Kernenergie verzichten, am besten ganz auf Energie verzichten, aber was für eine Sicherheit wäre das? Es gab Zeiten, da war die Zahl der Verkehrstoten drei Mal so hoch, Radfahrer fuhren ohne Helm, die Kinder spielten auf den Straßen, auf der Arbeit wurde Alkohol getrunken und es wurde viel geraucht. Dass waren Gefahren, die wurden erkannt und staatliche Akteure steuerten mit Gesetzen dagegen, auch gegen den Willen der Bevölkerung. Aber das Auto- und Radfahren, das Rauchen, das Trinken und das Spielen wurden vernünftiger Weise nicht gänzlich verboten. Nur die Kernenergie wird fundamentalistisch verfolgt.

Das Unglück in Fukushima I geht übrigens nicht auf das Konto eines „Restrisikos“. Restrisiko ist, wie eben definiert, der nicht quantifizierbare Zufall. Bei der Fukushima-Anlage wurde die Tsunamimauer anhand vorhandener Daten und früherer Erfahrungen gebaut, aber später nicht verstärkt und erhöht. Die zu schwache sicherheitstechnische Auslegung war ein Planungsfehler. Deutsche Anlagen sind wesentlich robuster.

Da man aus technischen Gründen die deutschen Anlagen nicht abschalten konnte, brauchte man moralische Argumente. Deswegen wurde von der schwarz-gelben Bundesregierung die Ethikkommission Kernenergie ins Leben gerufen. Sie sprach sich wunschgemäß gegen Kernenergie aus, während die Stellungnahme der Reaktorsicherheitskommission RSK vom Mai 2011 keinen Hebel ergab, die älteren deutschen Anlagen (von Brunsbüttel bis Krümmel) abzuschalten. Die neue, verkürzte Laufzeitregelung kommt einer Enteignung gleich. Das wird juristische Konsequenzen haben. Inzwischen haben einzelne Energiekonzerne die Bundesregierung auf Schadensersatz in Milliardenhöhe verklagt. Bislang waren diese Klagen nicht sonderlich erfolgreich. Unter anderem bezweifeln Gerichte die Höhe des Schadens (gemessen in Verdienstausfall). Gerichte gingen von geringeren Verdienstausfällen aus, als die Konzerne angegeben hatten.

Was man im Nachhinein alles vorher wissen konnte

Nach dem Schadenseintritt wird um die Verantwortung gestritten. Hinterher sind ja alle schlauer. Von Günter Keil werden sechs Mängel benannt, die zur Katastrophe in Fukushima führten. Keil war bis zu seiner Pensionierung 2002 in leitender Funktion im Bundesforschungsministerium tätig. Er argumentiert:

1.) Der Reaktor war auf ein stärkstes Erdbeben von 8,4 ausgelegt – wie es schon 1933 einmal auftrat. Es gab keine Sicherheitsreserve darüber – und so übertraf das Beben vom 11. März die Belastungsgrenze des Reaktors um 25%. In Deutschland droht kein derartiges Beben. [Bekanntlich war das Beben nicht das Hauptproblem, weder in Fukushima I, noch sonst in anderen Kernkraftwerken; G.M.]

2.) Die wahrscheinlich mögliche Höhe eines Tsunamis wurde unterschätzt. Im Mittel alle 30 Jahre gab es Tsunamis mit Wellenhöhen über 10 Meter, manchmal weit darüber. Der Betonwall am Meer hatte 5,7 m – hinzu kamen 4,3 m vom höher gelegenen Kraftwerk. Die reale Tsunamiwelle hatte aber 14 Meter. In Deutschland droht kein derartiger Tsunami.

3.) Die Diesel für die Notkühlung befanden sich – zum Schutz gegen Flugzeugabstürze – im Untergeschoß und dieser Raum war nicht gegen Hochwasser abgedichtet. Die Diesel soffen ab, die Kühlung fiel aus. Weitere Notstromaggregate mussten aus großer Entfernung über zerstörte Straßen und Brücken auf Lkw herangeschafft werden.

4.) Fehler Nr. 4 war möglicherweise die Unterlassung einer Nachrüstung der zu schwachen Druckentlastungsleitungen. Diese können im Falle einer Kernaufheizung durch den Druck von Dampf und Wasserstoff Lecks bekommen, wodurch kontaminierte Luft in das Reaktorgebäude gelangen kann.

5.) Weil diese Druckentlastung keine Filter enthielt, konnten radioaktive Aerosole und Partikel entweichen und nach außen gelangen. Deutsche Reaktoren haben diese Filter, die 99,9% zurückhalten.

6.) Der im Reaktorgebäude angesammelte Wasserstoff konnte explodieren, weil die japanischen Reaktoren im Gegensatz zu unseren nicht über Rekombinatoren verfügen, die Wasserstoff zu Wasser umwandeln. So kam es zu den Explosionen und zur Verbreitung radioaktiver Substanzen.

Die in Japan unterlassenen Maßnahmen seien in deutschen KKWs verwirklicht, betont Keil. Nur waren die nachträglich festgestellten Mängel bis zur Katastrophe nicht als solche bekannt und benannt. War das Ereignis vorhersehbar? Die Opposition behauptet in Nachhinein immer: Ja. Deswegen wird hinterher verbissen danach gefragt, wer wann was wusste.

Doch eine kognitive Täuschung verzerrt regelmäßig die Wahrnehmung. Nur im Wissen um das tatsächliche Geschehen erscheint der Eintritt eines Schadens wahrscheinlich, wenn nicht gar unvermeidlich. Dabei besteht die Neigung, aus dem Schaden intuitiv auf ein sorgfaltswidriges Verhalten zu schließen. Damit werden die Anforderungen an die Vorhersehbarkeit von Schäden überspannt. Wer gerecht urteilen will, muss stets die Perspektive und das aktuelle Wissen *vor* dem Schadenseintritt einnehmen, also jene Perspektive, die sich den handelnden Akteuren in der Situation vor dem Unglück bot.

Wenn aber der Mensch sein Wissen über den Ausgang zu Grunde legt und retrospektiv ein Ereignis bewertet, bekommt der Ablauf der Geschichte eine Folgerichtigkeit (Kohärenz), die sie vor dem Ereignis niemals haben konnte. Die Welt erscheint so berechenbarer, als sie tatsächlich ist. Personen mit einem erhöhten Bedürfnis nach Sicherheit und solche mit einem starken Bedürfnis nach Rechthaberei neigen eher zu Rückschaufehlern als andere. Sie nehmen für sich unberechtigter Weise die Tugenden der Gewissenhaftigkeit und der Prophetie in Anspruch und treten vorwurfsvoll, mahnend und nicht selten anmaßend auf. Natürlich haben sie nie *vor* dem Ereignis vor selbigen gewarnt. Oder aber ihre Warnung war vage.

Und muss man wirklich auf jede Warnung reagieren? Würden wir das tun, käme vermutlich unser öffentliches Leben zum Erliegen. Es würde ja bedeuten, der allgemein grassierenden Angst nachzugeben. Es gibt allgemein akzeptierte Regeln und Sicherheitsstandards, deren Einhaltung verlangt werden kann. Alles, was darüber hinausgeht, muss sich einer Plausibilitäts- und Finanzierbarkeitsüberprüfung unterziehen. Die Regeln und Standards beruhen bereits auf hoffentlich klugen und gewissenhaften Entscheidungen, oftmals auch Kompromissen zwischen Sicherheit und Wirtschaftlichkeit. Die hinterher stets klügere Entscheidung gewusst haben zu wollen, darf als Arroganz zurückgewiesen werden. Die Besserwisser waren damals nicht in der Entscheiderposition. Reflexartige Fahrlässigkeitsvorwürfe sind wirklich zu billig.

Fast vergessen: Exxon Valdez und Deep Water Horizon

Während in Fukushima kein einziger Toter zu beklagen ist, starben bei der Explosion der Bohrinseln „Deep Water Horizon" am 20. April 2010 elf Menschen im Golf von Mexiko. Auch hier war der Betreiber nicht „hilflos". Es dauerte zwar einige Zeit, aber das Bohrloch in 1500 Meter Tiefe konnte schließlich dank versierter Technik versiegelt werden. Die Erfindergabe des Menschen ist bewundernswert.

Es war die zweitschlimmste Umweltkatastrophe in der Geschichte den USA (nach der Strandung des Öltankers „Exxon Valdez" vor Alaska), und wie üblich wurde voreilig erwartet, dass dieses Ereignis einen Wendepunkt im Umgang mit der Natur und dem Öl sei. Die menschlichen Beharrungskräfte sind offensichtlich stärker. Die Natur hat die Ölpest besser verkraftet als befürchtet. Umweltaktivisten und jene Menschen, die in der Region arbeiten, sahen bereits Tausende von Meilen Küste verseucht. Im Frühjahr 2011 jedoch gelten weniger als 100 Meilen als leidlich belastet. Krustentiere und Fische könne man bedenkenlos essen, sagte die nationale Aufsichtsbehörde ein Jahr nach dem Unglück. Mehrere tausend Tiere verendeten, aber es waren weniger als in Alaska nach der Havarie des Tankers „Exxon Valdez".

Wie in Demokratien üblich, veranlasste die Regierung eine lückenlose Überprüfung (woran sich Umweltaktivisten in der Regel nicht erinnern wollen und wenn doch, dann lehnen sie das Ergebnis ab). Das Öl im Golf von Mexiko scheint nahezu verschwunden, abgebaut von Mikroben, denen die wärmeren Wassertemperaturen im Vergleich zu Alaska die Arbeit erleichtern. BP musste Milliarden an Entschädigungen zahlen, das wird die Firma dazu zwingen, künftig noch mehr Sorgfalt walten zu lassen. Die Aufsicht der Behörden wurde verschärft und zusätzliche Sicherheitsvorkehrungen vorgeschrieben. All die Katastrophenwarnung vor einer Verseuchung des Gewässers und vor einem Einbruch in der Wirtschaft in der Region hatten sich, zwölf Monate danach, als unrichtig herausgestellt.

Der Öltanker Exxon Valdez löste 1989 vor Alaska eine Ölpest und damit eine der größten Umweltkatastrophen der Seefahrt aus. Das Schiff war zum Zeitpunkt des Unglücks mit 163.000 Tonnen Rohöl beladen, 37.000 Tonnen liefen aus. Exxon wurde zu einer Geldstrafe von 150 Millionen Dollar verurteilt sowie zu 100 Millionen Dollar Wiedergutmachungszahlungen. Die Firma akzeptierte Ansprüche des Staates Alaska und des Bundes in Höhe von weiteren 900 Millionen Dollar über zehn Jahre. Bis zur offiziellen Beendigung 1992 investierte Exxon in Säuberungsarbeiten weitere 2,2 Milliarden Dollar. Die Firma wurde 1994 erstinstanzlich zu 287 Millionen Dollar Schadenersatzzahlung an über 32.000 Geschädigte verurteilt, darüber hinaus zu Strafschadensersatz in Höhe von 5 Milliarden Dollar, was 2009 nach langem Rechtsstreit auf 1 Milliarde Dollar reduziert wurde. Die Reparatur des Schiffes kostete 30 Millionen Dollar. Die Exxon Mobil Corporation existiert weiterhin.

Die Folgen der Ölkatastrophe für die Tierwelt waren gravierend. Schätzungen belaufen sich auf 250.000 getötete Seevögel (andere Quellen sprechen von bis zu 675.000), 3.500 verendete Seeotter (etwa 10 Prozent der Gesamtpopulation), 300 tote Robben sowie 22 verendete Schwertwale. Darüber hinaus wurden viele Fischeier vernichtet. Die Reinigungsarbeiten mit Hochdruckstrahlern blieben überwiegend fruchtlos. Der natürliche Abbau der Ölrückstände wird nach Meinung von Experten wegen der niedrigen Temperaturen noch mehrere Jahrzehnte dauern.

Der Mensch reagierte natürlich darauf. Als Folge der Katastrophe erließen die USA 1990 den Oil Pollution Act (OPA). Demnach müssen alle Tanker, die nach dem 1. Juli 1990 gebaut werden und einen US-Hafen anlaufen wollen, eine Doppelhülle haben. Diese doppelte Abschottung der Öltanks hätte einen Großteil der Ölverseuchung von 1989 verhindert. Die International Maritime Organisation (IMO), eine Organisation der UNO, beschloss im Frühjahr 2001, dass in Zukunft nur noch Tanker mit Doppelhülle gebaut werden dürfen. Generell müssen ab 2015 alle Tanker mit Doppelhüllen ausgerüstet sein.

Eine Untersuchung im Sommer 2001 belegte, dass die Küste auf nur noch rund sieben Kilometer Länge mit der erstaunlich geringen Menge von 40 Tonnen Öl verschmutzt ist, ein Tausendstel der ursprünglich ausgelaufenen Menge.

Die Reparatur- und Entschädigungssummen sind gigantisch, und dennoch ging BP nicht in die Knie. Auch das Unglück in Fukushima kostet viel Geld, aber nicht unendlich viel. Tepco erhielt Unterstützungszahlungen der Regierung in Milliardenhöhe. Diese Kredite zu verweigern würde bedeuten, dass Tepco die Aufräumarbeiten nicht durchführen und die örtliche Bevölkerung nicht unterstützen könnte. Ob Tepco fahrlässig oder gar vorsätzlich für die Kernschmelze verantwortlich ist, steht noch nicht fest. Umweltmoralisten stellen die japanische Firma an den Pranger, aber noch wissen wir nicht, wie sich die Aufarbeitung des Unglücks juristisch entwickelt.

Klimaforscher für Kernenergie

Der amerikanische Umweltaktivist Stewart Brand wies in einem Interview (mit der *Frankfurter Allgemeinen Zeitung*, 9. April 2011, S. 31) daraufhin, dass viele Akteure in der Umweltdebatte nicht das Gesamtbild im Blick hätten. Das Gesamtbild umfasse eben auch den Klimawandel und die Treibhausgase. Als Ökologe wandelte er sich von einem Atomkraftskeptiker in einen überzeugten Befürworter. Ein Grund sei, dass die Produktion von Elektrizität in einem Atomreaktor sehr effizient erfolgt. Es falle mengenmäßig erstaunlich wenig Atommüll an im Vergleich zu einem Kohlekraftwerk mit seinen riesigen Abraumhalden. Bei der Kohleverbrennung entstehen enorme Mengen von Kohlendioxid, die zum Treibhausklima beitragen. Brand betonte, der Müll von Kohlekraftwerken sei in jeder Hinsicht schlimmer als Atommüll.

Die Atomkraftgegner behaupten, in keinem einzigen Land gebe es ein Konzept, geschweige denn eine Lagerstätte für die lange, sichere Aufbewahrung von abgebrannten Brennstäben. Brand wies darauf hin, dass in den Vereinigten Staaten Atommüll aus Militärprogrammen in Salzstollen in New Mexiko deponiert wurde, eine halbe Meile unter der Erde. Salzstollen gibt es seit 52 Millionen Jahren, in denen sei der Atommüll gut aufgehoben. Beton oben drüber, und das Ganze dürfe vergessen werden.

Die rasche Endlagerung sei ohnehin nicht wünschenswert. Es sei vielmehr sinnvoll, abgebrannte Brennstäbe in den nächsten 50 bis 100 Jahren leicht zugänglich in oberirdischen Betonwannen abkühlen zu lassen. In den nächsten Jahrzehnten werde möglicherweise eine Technik entwickelt, die diese Brennstäbe recyceln und erneut verwenden können.

Angesichts der nur wenigen Unfälle mit relativ wenigen Verletzten (Ausnahme Tschernobyl) und Toten ist die Kernenergie, verglichen mit anderen Risiken, kaum als sonderlich gefährlich anzusehen. Stewart Brand meint sogar, dass selbst die Atomunfälle in Harrisburg und Tschernobyl so geringfügig seien, dass sie für ein globales Energiekonzept vernachlässigbar seien. Er plädiert nicht nur für nukleare Energie, er setzt sich auch ein für verdichtete Innenstädte, transgene Pflanzen und renaturierte Flächen. Er sagte 2005 voraus, die Umweltbewegung in westlichen Ländern werde in vier Punkten in den kommenden zehn Jahren ihre Position revidieren: in der Bevölkerungspolitik, der

Städteplanung, der Frage genetisch veränderter Nahrungsmittel und der Kernenergie. Atomkraft sei angesichts der durch fossile Brennstoffe angeheizten Klimakatastrophe das kleinere Übel. Brand wird wahrscheinlich nicht Recht behalten. 2014 haben sich die deutschen Grünen nicht bewegt: sie ignorieren die Bevölkerungsexplosion, sie haben kein Konzept für Stadtentwicklungen und sie sind nach wie vor gegen Grüne Gentechnik und Kerntechnik.

Auch der australische Klimaforscher Barry Brook ist ein Freund der Kernenergie. In einem Interview mit der *Frankfurter Allgemeinen Sonntagszeitung* (20. März 2011, S. 33) beschwört er die Leser, die Welt müsse sich unabhängig von fossilen Energien machen. Ein sicherer Weg dazu sei ganz klar die Kernenergie. Auch er weist darauf hin, was auf der Hand liegt, die Kernkraftgegner aber nicht hören wollen: „Nukleare Energie birgt ein extrem geringes Risiko für die Bevölkerung. Dafür ist Japan der beste Beweis: dort ereignete sich ein Beben von historischer Schwere und eine Flutwelle gigantischer Ausmaße. Trotzdem haben die Kraftwerke bisher kein einziges Menschenleben gefordert." Die zusätzliche Strahlenbelastung sei ziemlich gering. Die havarierten Kernkraftwerke in Fukushima blieben zwar mühsam, aber insgesamt unter Kontrolle. Wenn den Menschen eine Gefahr drohe, dann vom Zusammenbruch ihrer Stromversorgung.

Beklagt wurde von Kernkraftgegnern und der Presse, dass die japanische Regierung und der Fukushima-Betreiber nur ungenaue Informationen herausgeben würden. Trotzdem waren sich diese Kreise sicher, dass dort jener GAU stattfand, vor dem sie immer schon gewarnt hatten. Wenn sie argumentieren, dass Informationen fehlen, wie könnten sie sich dann so sicher sein, dass ihre Risikoanalyse stimmt, fragt Brook. So gut wie nicht berichtet wurde von den brennenden Öl-Raffinerien und Tankstellen in Japan als Folge des Erdbebens. Dabei sind Dutzende Menschen gestorben, und über den umliegenden Gebieten ging eine Wolke aus giftigen Gasen nieder, ganz abgesehen von der Verseuchung des Trinkwassers. Diese Wolken, betonte Barry Brook, haben der Gesundheit der Bevölkerung unvergleichlich mehr geschadet als alle zusätzliche Strahlung.

Brook kann sich auf Studien berufen, wenn er betont, dass die nukleare Energie mit die sicherste und umweltschonendste Stromerzeugungsart ist, die es gibt. Allein die angeblich risikofreie Windkraft kostet jedes Jahr Menschenleben, weil Arbeiter bei der Wartung abstürzen. Der nukleare Schaden in Japan beträgt nur einen Bruchteil dessen von Tschernobyl. Die Ursache der Fukushima-Explosionen war auch kein menschliches Versagen.

Auch Brook fragt sich, ob die Berichterstattung in den Medien angemessen ist. Zwei Dutzend verstrahlte Arbeiter in Fukushima im Vergleich zu über 20.000 Tote durch den Tsunami, 100.000 Menschen ohne Obdach, verzweifelte Familien, zerstörte Infrastruktur. Die Deutschen scheuen des minimale Risiko der Atomenergie und müssen dafür das große Risiko fossiler Energien eingehen. Zahllose Menschen erkranken und sterben an der Stromerzeugung durch fossile Energien, es gibt jährlich weltweit Tausende von Toten bei Bergwerksunglücken, bei explodierenden Bohrungen oder undichten Pipelines und durch die Umweltverschmutzung.

ETHIK UND TATSÄCHLICHES VERHALTEN

Die Diskussion um die Energieversorgung ist in Deutschland besonders stark von moralischen Überzeugungen geprägt. Es hat Sinn, wenn die Bundesregierung eine „Ethikkommission" einsetzte, um Empfehlungen über den künftigen Energiemix einsetzt. Das zeigen die Appelle zur Verantwortung für zukünftige Generationen, für die Dritte Welt und die zum Wohlstandsverzicht. Da diese Appelle unterschiedliche moralische Vorstellungen und damit Konfliktpotenzial enthalten, dürfen und müssen sie Gegenstand ethischer Kritik sein.

Ein Kriterium für Entscheidungen auf diesem Feld ist das der Nachhaltigkeit. Viele Wissenschaftler sind aber unzufrieden mit diesem Kriterium, weil es unklar ist und von anderen Kriterien mitbestimmt wird, beispielsweise dem der Wirtschaftlichkeit. Zudem muss unterschieden werden zwischen den moralischen Appellen und dem wirklichen Verhalten, zwischen Sonntagsreden, Wahlkampfgetöse und tatsächlich gezogenen Konsequenzen. Viele greifen verbal an, um als moralisch bessere Persönlichkeiten zu gelten.

Die technischen Maßnahmen zur Reduzierung des Energieverbrauchs von Einzelgeräten sind teuer, werden aber scheinbar ohne Murren bezahlt. Der Gesamtenergieverbrauch sinkt trotzdem nicht, weil die Zahl der elektrisch betriebenen Geräte zunimmt. Die Waschmaschine der Effizienzklasse A ist die Beruhigungspille für die ständig laufenden Fernseher, Spielkonsolen und Internet-Computer. Was der normale Bürger tun kann, das ist der Kauf von energiesparenden Brennkesseln und der Kauf von immer PS-stärkeren Automobilen, deren Motoren gleichzeitig etwas weniger Sprit verbrauchen.

Doch so gut wie niemand verzichtet auf den Zweitwagen, die Zweitwohnung auf dem Lande oder auf die tägliche Dusche, geschweige denn, dass man die Raumtemperatur senkt. Wenn Politiker kritisiert werden, dann bitte auch ein Großteil der Bevölkerung, die mit dem Auto zur Arbeit pendeln, mit dem Flieger nach Dubai jetten, jährlich eine Kreuzfahrt machen und am Wochenende ihre Ferienwohnung mit Kaminfeuer beheizen. Sie alle sind mit der Politik und den Politikern viel einverstandener, als es die Grünen und Greenpeace suggerieren. Und wenn sie nicht einverstanden sind, so handeln die Wutbürger doch nicht anders als die Politiker. Politiker gehen aus der Bevölkerung hervor, woher sollten sie sonst kommen? Sie sind keine Außerirdischen von einem anderen Stern. Sie haben die gleichen Tugenden, Laster und Verschrobenheiten wie die Normalbürger. Wenn gesagt wird, „Politiker haben den Kontakt zur Realität völlig verloren", dann darf im Gegenzug daran erinnert werden, dass viele Wutbürger den Kontakt zur Politik und zur Notwendigkeit von Kompromissen verloren haben.

Es lässt sich schwer gegen Atomkraft demonstrieren, wenn nicht zugleich angegeben wird, an welcher Stelle und wann das Energie- und Stromsparen beginnt. Es darf angenommen werden, dass Stromrationierungen nicht wirklich toleriert werden. Es stimmt ja auch nicht, dass die westlichen Industriegesellschaften unmittelbar davorstehen, sich mit ihrem Energiehunger selbst zugrunde richten. Wenn das Öl weniger wird, bohrt man in der Tiefsee und erhöht die Risiken, aber der Lebensstil, der das Tiefseebohren und die Offshore-Windkraftanlagen nötig macht, wird nicht infrage gestellt, auch nicht von den Grünen. Der erste grüne Ministerpräsident eines Bundeslandes, Winfried Kretschmann aus Baden-Württemberg, setzt auf den Boom einer „neuen Gründerzeit" (auf den dann folgenden Gründerzeitcrash wies er nicht hin). Noch weniger wird das Bevölkerungswachstum infrage gestellt (auch nicht von den Grünen). In den westlichen Industrienationen sinkt der Primärenergieverbrauch tatsächlich leicht. Das aber wird mehr als aufgewogen durch den Energiehunger der Schwellenländer und der rasant wachsenden Länder der Dritten Welt.

Das erreichte zivilisatorische Niveau in Sachen Bildung, Gesundheit, Sicherheit, Gleichheit, Rechtsstaatlichkeit, Warenverfügbarkeit, Zuverlässigkeit usw. beruht auch auf einer immer verfügbaren und scheinbar unbegrenzten Energie. Was wäre ein Krankenhaus ohne Strom? Was Mobilität ohne Erdöl? Und für die Elektroautos, die im Augenblick als Drittwagen attraktiv werden, wird auch Strom benötigt.

UNUMKEHRBARKEIT DES ATOMAUSSTIEGS

So unklar die geforderte Stromeinsparung ist, so bedenklich ist die nachdrück-
lich vorgetragene Forderung von SPD und Grünen, der Atomausstieg möge
„unumkehrbar" sein. Bundesumweltminister Norbert Röttgen (CDU) nannte
den Atomausstieg einen Meilenstein für die Entwicklung Deutschlands. Er sei
unumkehrbar. Michael Kloepfer, Professor für Staats- und Verwaltungsrecht
an der Humboldt-Universität zu Berlin, hat die politischen Gefahren aufge-
zeigt, sollte eine Parlamentsmehrheit diesem Ansinnen folgen („Herrschaft auf
Zeit", FAZ, 16. Juni 2011, S. 10).

Kloepfer meint einleitend zur „Unumkehrbarkeit" politischer Entscheidungen: „Die Erfahrungen mit der Revision der rot-grünen Ausstiegsentschei-
dung von 2002 durch die schwarz-gelbe Laufzeitverlängerung von 2010 und
vor allem die schnelle Revision dieser Laufzeitverlängerung selbst innerhalb
von wenigen Monaten durch die gerade gefassten Beschlüsse sollten allerdings
hellhörig machen".

Sein Hauptargument gegen eine endgültige Entscheidung lautet: „Demokratie
ist Herrschaft auf Zeit". Diese Herrschaftsform lebt davon, dass die Opposition von heute prinzipiell die Regierung von morgen sein kann. Dieses Le-
bensprinzip der Demokratie wäre wirkungslos gemacht, könnte die amtieren-
de Regierung die folgende in jedem thematischen Feld auf alle Zeit binden.
Die Chance einer Politikumkehr oder nur einer relevanten Politikgestaltung
wäre unzulässig eingeschränkt. Eine neue parlamentarische Mehrheit kann
auch ältere Gesetze umstoßen und revidieren, wie ja gerade in der Atompolitik
geschehen. Andererseits kann eine Regierung die Arbeit der nächstfolgenden
durch Vorfestlegungen erheblich erschweren und einengen. Revisionen sind
im Meinungsstreit nicht ohne weiteres durchzudrücken.

Prinzipiell kann die nächste Regierung die Laufzeiten weiter reduzieren oder
wieder verlängern. Auch ein Wiedereinstieg in die Kernenergienutzung ist
durchaus denkbar, rechtlich spricht nichts dagegen. Bis 2022 werden mindestens zwei Bundestagswahlen stattfinden. Die Volksmeinung ist labil.

Kloepfer sieht zwei Möglichkeiten, die Forderung nach Unumkehrbarkeit des
Ausstiegs umzusetzen. Die eine ist eine Grundgesetzänderung, beispielsweise
ein Verbot ziviler Kernkraftnutzung nach 2022. Ein späteres Gesetz kann eine

solche Grundgesetzänderung nicht verdrängen. Eine Grundgesetzänderung könne nur durch eine erneute Grundgesetzänderung verändert werden. Die dafür erforderlichen Zweidrittelmehrheiten in Parlament und Bundesrat stellen eine hohe Hürde dar; Kloepfer hält eine solche Grundgesetzänderung für „denkbar unwahrscheinlich".

Die zweite Möglichkeit wäre, die Kernkraftwerksbetreiber per Gesetz nicht nur zu einer Stilllegung, sondern zu einem Abriss der Kernkraftwerke zu zwingen. Grundsätzlich sind die Bundes- und Länderparlamente dazu legitimiert, Entscheidungen von langfristiger Bedeutung zu treffen (es ist ein beliebtes Vorurteil, Politiker würden immer nur bis zur nächsten Wahl denken). Ungeklärt ist dabei die Frage, wer die Kosten für ausgefallene Gewinne und für den teuren und langwierigen Rückbau der Atomruinen trägt. Die Betreiber werden nicht kampflos zusehen, und es ist mit erheblichen Zeitspannen bis zu rechtskräftigen Urteilen zu rechnen. Weitgehend übersehen wurde bislang die Frage, was nach 2022 mit den Atomanlagen geschieht. Es ist zu vermuten, dass die Betreiber zumindest einen Teil der Kosten für Bewachung oder Abriss den Regierungen, also den Steuerzahlern aufbürden möchten.

Die Forderung nach Unumkehrbarkeit ist ein gefährliches politisches Manöver. Wenn die Grünen und die SPD sie aufstellen, könnten sich CDU oder FDP dereinst bemüßigt fühlen, auf einem anderen politischen Feld eine gleiche Forderung aufzustellen. Die Grünen betonen regelmäßig, wir hätten die Erde von der nächsten Generation nur ausgeliehen. Mit unumkehrbaren Beschlüssen zwängen sie diese nächste Generation in ein Entscheidungskorsett, welches sich nicht mit der Liebe zu ihr verträgt.

Nicht gegen Flugzeugabstürze gesichert

Am 17. Mai 2011 legte die Reaktorsicherheitskommission (RSK) einen Bericht zur Sicherheit deutscher Kernkraftwerke im Lichte des Fukushima-Unglücks vor. Der Tenor der Nachrichtenagenturen lautete: „Die Reaktorsicherheitskommission hat bei ihrer Überprüfung der deutschen Kernkraftwerke Mängel festgestellt. Keines sei gegen den Absturz großer Flugzeuge gesichert, sieben ältere Kraftwerke nicht oder kaum gegen den Absturz kleiner Flugzeuge. Umweltminister Röttgen deutete das Aus für vier Kraftwerke an."

Die Meldung, dass kein Reaktor gegen „schwere Flugzeugabstürze" mit einem Boeing-Jumbo oder Airbus geschützt sei, sollte die Unsicherheit der sicheren deutschen KKWs suggerieren. Wie üblich gab diese Aussage nicht den Tenor der Kommission wieder, die den deutschen KKWs einen besseren Sicherheitsstandard als dem Fukushima-Reaktor bescheinigten. Wegen der groben Falschinformation durch die Nachrichtenagenturen sollen hier einige Aussagen aus dem Bericht wörtlich wiedergegeben werden.

„Die Sicherheitssysteme in den Kernkraftwerken Fukushima 1 haben nach bisherigen Erkenntnissen ihre Funktion zur Sicherstellung der Notstrom- und Kühlwasserversorgung zunächst aufrechterhalten können. Mit der Einwirkung des ca. eine Stunde später auftretenden Tsunami fielen sowohl die Notstromversorgung, mit Ausnahme der Batterien, als auch das Nebenkühlwasser aus ... Unter Berücksichtigung der vorliegenden Informationen und des betrachteten Themenumfanges kann für die deutschen Kernkraftwerke anlagenunabhängig bei einem direkten Vergleich mit den Ursachen und Folgen der Unfälle in Fukushima 1 festgestellt werden: Initiierende Ereignisse, die zu derartigen Tsunami führen können, sind nach dem jetzigen Kenntnisstand für Deutschland praktisch ausgeschlossen. ... Im Bereich der naturbedingten Einwirkungen von außen sind für deutsche Kernkraftwerke für ... die nach dem Stand von Wissenschaft und Technik zu berücksichtigenden Einwirkungen, ... durchgehend in der Auslegung berücksichtigt. ... Die Stromversorgung der deutschen Kernkraftwerke ist durchgehend robuster als in Fukushima 1."

Die RSK hält die deutschen KKW für absolut erdbeben- und hochwassersicher. „Die Betreiber weisen zum Teil erhebliche Öl- und Kraftstoffvorräte auf dem Anlagengelände aus. Bei einigen Anlagen ist damit der Betrieb der Notstromdiesel über mehrere Wochen möglich. ... Die Schutzmaßnahmen der Anlagen gegen äußere Einwirkungen (Explosionsdruckwelle, Flugzeugabsturz) stellen unter Berücksichtigung der heute getroffenen Sicherungsmaßnahmen gleichzeitig auch einen weitgehenden Schutzzustand gegen terroristische Angriffe von Außentätern dar." (S. 15) (siehe Quellenhinweis „Reaktorsicherheitskommission")

Die Nachricht über den Kommissionsbericht wurde, wie alle nukleartechnischen Themen, in den Foren breit diskutiert. Zwei Gruppen standen sich wie gehabt gegenüber: Positive Aussagen über die Sicherheit von KKWs wurde mit Hinweis auf die an der Kommission beteiligten „Lobbyisten" (der Vertreter des Öko-Instituts wurde vom Lobbyisten-Vorwurf ausgenommen) als tendenziös zurückgewiesen. Die andere Hälfte erging sich in sarkastischen Äußerungen über die bodenlose Dummheit der Kernkraftgegner und der sie unterstützenden Politiker, insbesondere Umweltminister Norbert Röttgen (CDU). Aus dieser Gruppe ein paar von mir ausgewählte Zitate. Sie beschäftigen sich vor allem mit dem Risiko eines gezielten Flugzeugabsturzes und machen deutlich, dass das tatsächlich das kleinste Problem des ohnehin kleinen Problems Kernkraft ist.

Zu einem Terrorangriff auf KKWs werden oftmals folgende Argumente ins Feld geführt: „Al Quaida über ETA, PKK bis zu den Zapatistas? Wer von denen sollte in Deutschland zuschlagen und ausgerechnet ein KKW angreifen? Es gibt jedes Jahr in der Welt Tausende von Terroranschlägen. Anschläge gegen Synagogen, Moscheen, Restaurants, Polizeistationen, Eisenbahnen, Flugzeuge, Gewerkschaftsbüros. (Es wurden sogar schon Zeitungsverlage angegriffen!) Aber KKWs? Fakt ist, daß es bisher keine Anschläge gibt. ... Die Annahme, Terroristen hätten die Absicht, wieder ein Flugzeug zu kapern, dieses würde gelingen, dann würde es auf ein KKW gelenkt, und auch treffen, ist eine Kette von fünf Hypothesen. Man kann aber eine andere Hypothese formulieren: ‚Synagogen werden das Ziel'. Dann könnte man Stresstests machen ..."

Horst Trummler (Vandale6906) konkretisierte das mögliche Risiko: „Es ist korrekt, das die Reaktorgebäude der älteren KKW, Philippsburg I, Brunsbüttel und Biblis A, lediglich 60cm dick sind und von den härteren Teilen eines abstürzenden Verkehrsflugzeugs durchschlagen werden können. Allerdings liegen dahinter weitere Barrieren, der Sicherheitsbehälter aus Stahl, der Schild aus 1m Beton und der Reaktordruckbehälter aus 20cm Stahl, das ganze Gebäude durchzogen von massiven Betonstrukturen. Es ist unwahrscheinlich, dass beispielsweise die Turbinenwelle oder ein Fahrwerk das Reaktorgebäude durchdringt, allen Betonstrukturen ausweicht, den Sicherheitsbehälter durchschlägt und dann mehrere Primärkühlleitungen zerstört."

Leser Karl Krivan (CarolusIV) schrieb: „Bis auf Flugzeugabsturz sind die AKW's sicher. Das ist die gute Nachricht. Für Deutschland. Für die Grünen ist es eine schlechte Nachricht. Über den AKW's führt keine Flugroute. ... Welches Chemiewerk ist sicher gegen den Absturz großer oder kleiner Flugzeuge: BASF Ludwigshafen? Nein. Bayer Leverkusen? Nein. Bhopal/Indien? Keine Ahnung. Welche Raffinerie? Keine. Geht von diesen Anlagen eine Gemeingefahr aus, wenn sie getroffen werden? Ja, mit Sicherheit, vermutlich mehr als von einem Leichtwasserreaktor. Wir fragen weiter: Welches Fußballstadion ist gesichert, und wie viele Menschen passen hinein: Schalke (62.000)? Nicht gesichert. München (70.000)? Nicht gesichert. Dortmund (80.000)? Nicht gesichert. Wo, Herr Röttgen, ist da der Stresstest? Oder anders gefragt: warum wird über Flugzeugabstürze in bunkerähnlich gesicherte Kernkraftwerke (150 Personen pro Schicht) geredet, der aus Sicht eines Terroristen viel aussichtsreichere Anschlag auf Stadien aber ausgeblendet?"

Wenn man so will, ist die gesamte Infrastruktur Deutschlands weitgehend ungeschützt gegen Terror und Flugzeugabstürze: Fabriken, Raffinerien, Kraftwerke, Talsperren, Bahnhöfe, Autobahnkreuze und -brücken, Kongresszentren, Stadien, Hochhäuser, Bahnhöfe, Züge etc. Bei ihnen sind zumeist viel mehr Menschen potentiell gefährdet als bei KKWs. Sie alle bleiben in der öffentlichen Debatte unbeachtet.

Diskutant Michael Menzel (Galenos) trieb die „Kein-AKW-ist-gegen-Flugzeugabstürze-gesichert"-Idiotie auf die Spitze: „Keine Großstadt oder dicht besiedeltes Zentrum ist gegen einen Anschlag mit einer ‚schmutzigen' radioaktiven Bombe geschützt. Wir brauchen wieder Bunker in den Städten, damit die Menschen darin die nächsten 10.000 Jahre ‚leben' können. Und die einfachen Häuser des Landes, – keines ist gegen Meteoriten geschützt. Dieser Zustand muß beseitigt werden! Und dann brauchen wir ein Mittel gegen den Tod an sich. Das muß aufhören! 1 Million Tote pro Jahr in Deutschland! Man stelle sich das einmal vor! Das ist nicht mehr tolerierbar. Das Leben ist einfach noch zu gefährlich."

Jeder noch so harmlose Vorfall wird zum Skandal. Mit Pannen bei Fluggesellschaften gehen die Aufsichtsbehörden übrigens diskret um. Sie verwenden ihr Wissen jedenfalls nicht, um einzelne Gesellschaften in Misskredit zu bringen. Bei Atomkraftwerken dagegen unterliegt jede kleinste Abweichung vom Normalbetrieb der Veröffentlichungspflicht. Ein verantwortlicher Umgang mit dieser Transparenzregel hätte auch in Deutschland das Vertrauen in diese Technologie stärken können. Stattdessen lassen sozialdemokratische und grüne Politiker keine Gelegenheit aus, jedes jener winzigsten meldepflichtigen Ereignis zu skandalisieren, Zweifel an der Verlässlichkeit der Betreibergesellschaften und an der Kernenergie insgesamt zu schüren und die Bevölkerung zu verunsichern.

Der Stromverbrauch wird weiterhin steigen

Kernkraftgegner weisen gern auf die Möglichkeiten zum Stromsparen hin. Mit Geräten, die weniger Energie verbrauchen, und den Verzicht auf Stand-by-Betrieb allein ließen sich in Deutschland schon ein bis zwei Kernkraftwerke einsparen. (Warum eigentlich nur Kernkraftwerke? Warum nicht Braunkohlekraftwerke? Oder Windkraftanlagen?)

Von wegen Einsparung: Die Wirklichkeit sieht anders aus. Trotz aller Anstrengungen der Industrie, mit Strom effizienter umzugehen: „die Verbraucher" ziehen nicht mit. Einzelne Geräte mögen gegen stromsparendere Modelle ausgetauscht werden – die Reduzierung wird mehr als kompensiert durch die steigende Zahl der Elektrogeräte. Das Volumen des gesamten Stromverbrauchs in Deutschland steigt langsam, aber stetig. Die Industrie produziert immer mehr und auch die Privathaushalte verbrauchen mehr. Das wirft die Frage auf, ob wirklich so einfach auf Kernkraftwerke verzichtet werden kann.

In Deutschland werden jährlich 580 Milliarden Kilowattstunden Strom verbraucht, davon etwas mehr als die Hälfte durch die Industrie, ein Viertel durch Infrastruktur und ein weiteres Viertel durch private Haushalte. Durch Stromsparen und erhöhte Effizienz ließe sich nach Schätzung des „Arbeitskreises für umweltbewusstes Management" ein Fünftel des Verbrauchs einsparen. Tatsächlich steigt der Stromverbrauch seit 20 Jahren kontinuierlich, wenn auch mit einem Prozent pro Jahr moderat.

Im privaten Bereich schlägt der Trend zu Einpersonenhaushalten, zu immer größeren Wohnungen und zu mehr Elektrogeräten zu Buche. Wenn früher vier Kinder zusammen gespielt haben, war kein Elektrogerät im Spiel, sagt Stefan Vogg, Vertriebschef Deutschland des Stromkonzerns Eon (*Frankfurter Allgemeine Zeitung*, 14. Mai 2011, S. 16). Heute sitzen alle am Computer oder an der Spielkonsole. In jedem Zimmer läuft ein Fernsehgerät, immer mehr Smartphones, Telefone mit Anrufbeantwortern, Laptops, DVD-Aufzeichnungsgeräte und Kaffee-Vollautomaten laufen. Der Computer ist rund um die Uhr online. Nicht nur die Unterhaltung ist zunehmend elektrifiziert, daneben wird beleuchtet, es laufen Wasch- und Spülmaschinen sowie der Trockner. Hinzu kommen Herde und Kühlschränke und eventuell ein Durchlauferhitzer.

Das größte einzelne Sparpotenzial im Privathaushalt liegt bei Tiefkühltruhen. Beleuchtung hingegen macht nur etwa zwei bis neun Prozent der Stromkosten eines Privathaushalts aus. Energiesparlampen können diesen geringen Ausgabeposten höchstens halbieren; der Einspareffekt ist insgesamt minimal. Die bläulich leuchtenden Hochtechnologielampen kommen bei vielen Verbrauchern gar nicht gut an. Sie vermissen das warme, rötliche Lichtspektrum. Auch will niemand auf den Komfort des Stand-by-Betriebs verzichten. Fernseher und Computer brauchten früher mehrere Minuten, um hochzufahren. Die Programm-Vorwahl würde verloren gehen, Anrufbeantworter könnten nicht betrieben, Faxe nicht empfangen werden. Es sieht nicht einmal danach aus, dass wenigstens die Verfechter der Askese mit gutem Beispiel vorangehen und ihre Handys verschrotten.

Konsumverzicht ist hierzulande realiter nicht durchsetzbar. Das ungehinderte Anzapfen der Steckdose bedeutet Licht, Wärme, Komfort, Prestige und Zugang zu Informationen, Bildung, Zerstreuung, gesellschaftlichem Leben und politischer Partizipation. „Strom ist kein Luxusgut, sondern Teil der Grundversorgung", betonte der Philosoph Carl Friedrich Gethmann von der Universität Duisburg-Essen (im *Tagesspiegel* Berlin, 15. Mai 2011, S. 8). Er erinnerte daran, dass Stromkonzerne keineswegs darauf angewiesen sind, Strom zu liefern – es lasse sich auch mit anderen wirtschaftlichen Aktivitäten Geld verdienen. Ein niedriger Strompreis ist zu starken Teilen auch eine politische Vorgabe im Interesse gesellschaftlicher Stabilität. Zudem ist in modernen westlichen Gesellschaften die Menge der Nutznießer all dieser Technik regelmäßig größer als die Menge der Bedenkenträger.

Wer die Belange künftiger Generationen im Auge hat, müsste sich auch dazu verpflichtet fühlen, so Gethmann weiter, Forschungsinvestitionen zu tätigen, die technische Optionen freihalten und neue eröffnen. „Solange die Szenarien einer zukünftigen Energieversorgung nicht klar entscheidbar sind, gehört dazu auch, vorhandene Optionen (zum Beispiel Kernenergie) und noch nicht realisierte Konzepte (zum Beispiel Fusion, Solarkraftwerke) nicht voreilig aufzugeben.". Da fossile Rohstoffe vielfältig in der Industrie verwendet und konsumiert werden, liegt es nahe, auf die Ressourcen im Sinne künftiger Generationen zu schonen. Uran jedoch wird ausschließlich für Kernbrennstoffe herangezogen, steht also nicht in Konkurrenz zur Produktion anderer Wirtschaftsgüter. „Nicht nur aus der Perspektive der Ressourcenökonomie, sondern auch der Langzeitverantwortung hat die Nutzung von Uran viel für sich."

Um die Stromerzeugung aus Kern- und Kohleenergie zu ersetzen, genügt es nicht, die installierten Leistungen auszutauschen. Entscheidend ist, wie viel Kilowattstunden mit der installierten Leistung erzeugt werden. Der Ingenieur Eckhard Wiederuh rechnete das in einem Leserbrief vor: Kernkraftwerke erreichen Laufzeiten von bis zu 8000 Stunden im Jahr. Deutsche Windkraftanlagen erreichten im Jahr 2010, über die Bundesrepublik gemittelt, gerade einmal 1350 Volllaststunden. Das ist nur ein Sechstel. Um also ein Megawatt an Kernkraft zu ersetzen, sind knapp sechs Megawatt an Windenergie notwendig.

Geht man von nur einem Kernkraftwerksblock mit einer Leistung von 1200 Megawatt aus, wären also 7200 Windkraftanlagen mit einer Leistung von je 1 Megawatt notwendig, um diesen Kraftwerksblock zu ersetzen. Aber selbst diese Rechnung ist schief. Erneuerbare Stromerzeugungsarten werden niemals konventionelle Stromerzeugungsarten vollständig ersetzen können. Es kommt darauf an, welche Leistung (in MW) *planbar* bereitgestellt werden kann. Solar und Wind erzeugen keine planbare Leistung.

Bei der Photovoltaik sieht es noch ungünstiger aus. Hier wird von etwa 700 Volllaststunden pro Jahr ausgegangen. Quadratkilometer von Solarmodulen wären als Ersatz für stillgelegte KKWs notwendig. Die Energiedichte der regenerativen Energien ist nun einmal gering. Zwar schickt die Sonne keine Rechnung, aber bis die Sonnenenergie aus der Steckdose kommt, wird es dennoch richtig teuer. Dass der Strom noch teurer wird als bisher und die Teuerungsrate von rund drei Prozent jährlich künftig noch höher ausfallen wird, ist im Moment die einzige Konstante in der Diskussion um die zukünftige Energieversorgung.

Der Slogan „Die Sonne schickt keine Rechnung" ist ein Paradebeispiel für politische Verdummung. Natürlich schickt die Sonne keine Rechnung, das tun auch Erdöl, Kohle und Uran nicht. Die Rechnung schickt immer nur der Öl-, Gas-, Kohle- und Stromlieferant. Und die steigt ständig dank der grünen Energiewende.

Verdrängtes Problem Übervölkerung

Der Strombedarf wird weiter steigen, in Deutschland ein wenig, in der Welt rasant. In Sonntagsreden warnen Umweltlobbyisten davor, der kommenden Generation nicht Chancen zu beschneiden. Der Stromverbrauch müsse sinken, einerseits wegen der Endlichkeit der Ressourcen, andererseits wegen der Klimaerwärmung mit ihren verheerenden Folgen. Was noch viel zu wenig berücksichtig wird, ist die Tatsache, dass es moralische Verpflichtungen auch gegen die Lebenden gibt. „Zu den derzeit fast völlig verdrängten Aspekten gehört der, dass der Umweltschutz, den die Menschheit sich leisten kann, in bedeutendem Umfang von der Zahl der Menschen abhängt, die als Naturverbraucher ihr Lebensrecht in Anspruch nehmen", gibt der schon erwähnte Philosoph Carl F. Gethmann (Universität Duisburg-Essen) zu bedenken.

Die Zahl der auf der Erde lebenden Menschen wächst ständig, jährlich um die Einwohnerzahl Deutschlands (ca. 80 Millionen). Sie alle verbrauchen Wasser, Lebensmittel und Material und sie hinterlassen ihre oftmals unappetitlichen Spuren in der Landschaft. Immer mehr Menschen wollen Brennmaterial, Strom und Heizung. Wie bei einem fast ungebremsten Geburtenzuwachs der globale Stromverbrauch gesenkt oder nur konstant gehalten werden könnte, ist derzeit völlig offen. Der Bevölkerungszuwachs und der Energiebedarf hängen eng zusammen, aber kaum jemand weist darauf hin.

Im Gegenteil, die Ein-Kind-Politik Chinas wird aus westlicher und christlicher Sicht kritisiert (z.B. Till Fahnder: „Weg von der Ein-Kind-Politik", *FAZ* vom 18. Mai 2011). Chinas „unmenschliche Politik gehört endlich abgeschafft", forderte er. Dabei wird die oft propagierte Auffassung vertreten, dass eine Geburtenrate, die ein geringes oder gar ein Nullwachstum mit sich bringt, zu nicht hinnehmbaren wirtschaftlichen Belastungen und sozialen Störungen führt. Wenn – wie in China – die Drosselung der Geburtenrate politisch gewollt und durchgesetzt wird, sei dies auch von einem moralisch-ethischen Standpunkt aus unvertretbar. Jeder habe das Recht, so viele Kinder zu bekommen, wie es ihm beliebt. Die Folgen für die Umwelt werden ausgeblendet.

Das aber kollidiert mit der drohenden Ressourcenknappheit (angefangen beim Wasser). Es scheint nicht möglich, Ressourcen zu schonen und gleichzeitig die Zahl der Geburten dem Zufall überlassen zu wollen. Die westlichen Länder mit ihrem hohen Lebensstandard haben eine unter ökologischen Gesichtspunkten vorbildlich niedrige Reproduktionsrate und zugleich einen kritikwürdig hohen Verbrauch an Energie. Hohe Geburtenrate und hoher Ressourcenverbrauch – beides ist global gesehen bedenklich.

Soweit ich sehe ist es einzig die Katholische Kirche, die das Thema Kernenergie in einem größeren, globalen Rahmen betrachtet. 2009 hatte die Kommission für gesellschaftliche und soziale Fragen der Deutschen Bischofskonferenz beschlossen, sich umfassend mit dem Thema Energiepolitik zu beschäftigen. Bei dem Expertentext „Der Schöpfung verpflichtet. Anregungen für einen nachhaltigen Umgang mit Energie", den die Deutsche Bischofskonferenz Mitte 2011 veröffentlichte, handelt es sich nicht um eine Stellungnahme zur deutschen Atomenergie, der Horizont der Kirche ist viel weiter. Ihr geht es um die ethischen Grundlagen einer nachhaltigen Energieversorgung: Die Energiefrage ist für sie zentral eine Gerechtigkeitsfrage.

„Die Energieversorgung ist eine der größten Herausforderungen für die zivilisatorische Entwicklung der Menschheit", betonte Reinhard Kardinal Marx im Mai 2011 in einem Beitrag für die *Frankfurter Allgemeine Zeitung* (26.05.2011, S. 7). „Die Übernutzung knapper Energieressourcen und der bedrohliche Klimawandel durch fossilen Energieverbrauch verletzen schon heute die globale, intergenerationelle und ökologische Gerechtigkeit. ... Der Zugang zu Energie ist die Grundlage für ökonomischen und sozialen Fortschritt, für Wohlstand und sozialen Frieden. Energiemangel ist hingegen das Schlüsselproblem der Armut. Betroffen sind vor allem die Entwicklungsländer. ... Mit der Frage nach einem gerechten Zugang zu Energie eng verbunden ist der Schutz des Klimas ... Klima- und Umweltschutz sind Gebote ökologischer Gerechtigkeit."

Abgesehen davon, dass in diesem Text mal wieder Gerechtigkeit und Gleichheit verwechselt werden: Die katholische Kirche scheint damit fast die einzige gesellschaftliche Kraft zu sein, die die deutsche Kernenergie in einem globalen Entwicklungsrahmen stellt. Von den Grünen hört man dazu gar nichts. Die Kirche scheint auch die einzige soziale Gruppierung zu sein, die die Konsequenzen zumindest grob benennt. Noch einmal Kardinal Marx: „Diese verlangt Lebens- und Verhaltensweisen, die von Maßhalten und Solidarität geprägt sind. Wirtschafts- und Lebensstile sind ernsthaft zu überprüfen. Der

Einzelne, aber auch Gesellschaft und Staat dürfen nicht gleichgültig sein gegenüber den Schäden, die sie anrichten."

Alle energiepolitischen Entscheidungen stehen daher in einem Zielvieleck von Klima- und Umweltschutz, Versorgungssicherheit, Wirtschaftlichkeit, Wettbewerbsfähigkeit und Zugangs- und Verteilungsgerechtigkeit. Dieser Standpunkt ist aktuell radikaler als alles, was die Grünen oder Greenpeace dazu verlauten lassen.

Und doch nicht radikal und konsequent genug. Wie von der katholischen Kirche nicht anders zu erwarten, werden die Bevölkerungsexplosion und die impliziten Probleme zwar thematisiert, aber nicht problematisiert. Jedes Spermium ist ihr heilig.

Eine nachhaltige Politik würde in den westlichen Ländern eine spürbare Drosselung des Konsums und in den Schwellen- und Entwicklungsländern einen spürbaren Rückgang der Reproduktionsrate bedeuten.

Das wird begleitet sein von Verwerfungen, die heute kaum ausdenkbar sind, aber nur mit Schrecken betrachtet werden können. Alle Probleme mit Wirtschaftswachstum, also Geld, lösen zu wollen, führen offensichtlich in die Sackgasse. Die Immobilienkrise blies sich für alle überraschend zur Finanz- und schließlich zur Staatskrise auf. Unvorstellbar hohe Summen werden zur Stützung überschuldeter Banken und Staaten bereitgestellt, von denen nicht wirklich gewiss ist, ob sie einst zurückgezahlt werden. Über Jahrzehnte haben so gut wie alle Staaten und so gut wie alle Parteien gegen den Grundsatz verstoßen, nicht mehr auszugeben, als die Steuereinnahmen hergeben.

Das Bevölkerungswachstum zu erhöhen, wie von Autor Till Fahnder vorgeschlagen, macht es jeder folgenden Generation noch schwerer als der gegenwärtigen, die angesprochenen Probleme zu lösen. Man stelle sich einmal ein China mit zwei Milliarden Menschen vor, in einer Zeit, in der die Ressourcen jeder Art rarer sein werden als heute. Die dann vorstellbare Lebensqualität erscheint aus heutiger Sicht moralisch-ethisch unvertretbar, mehr als die derzeitige Beschränkung der Geburten. Die freie Geburtenwahl, wie fast überall praktiziert, muss als unverantwortlich und unmoralisch angesehen werden.

Der Ausstoß an klimaschädlichen Treibhausgasen hat 2015 ein neues Rekordhoch erreicht. Nach einer Bilanz der Internationalen Energieagentur IEA stieg der Kohlendioxid-Ausstoß weltweit auf insgesamt 32,3 Milliarden Tonnen an. Je mehr die Weltwirtschaft wächst, desto mehr Treibhausgase werden in der

Atmosphäre eingelagert. Die gute Nachricht ist, dass dieser Wert seit zwei Jahren nicht steigt. „Es wird zu einer außerordentlichen Herausforderung, wollen wir das Ziel noch erreichen und die Klimaerwärmung unter zwei Grad halten", sagt der leitende IEA-Ökonom Faith Bristol. Allerdings reicht es nicht, stagnierende Treibhausgasemissionen zu erreichen, sie müssen im Gegenteil dramatisch sinken. Und tatsächlich sank 2015 die CO_2-Emission in zwei wichtigen Ländern, in China und in den USA. Und zwar aufgrund von zwei technischen Maßnahmen, die die grüne Umweltlobby für Teufelswerk hält, nämlich Kernenergie und Fracking-Gas.

Auch in Deutschland sanken die Treibhausgasemissionen, und zwar 2014 um 43 Millionen Tonnen auf 902 Mio. Tonnen (Umweltbundesamt, Pressemitteilung vom 25. April 2016). 2015 stiegen die Emissionen wieder leicht auf 908 Mio. Tonnen. Grund war ein kühler Winter. Eine Klimaerwärmung wird hierzulande und in vielen Gegenden der Welt den CO_2-Ausstoß senken. Die deutsche Verminderung um 43 Mio. Tonnen macht 0,13 Prozent der weltweit 32.300 Mio. Tonnen aus.

Angesichts des globalen CO_2-Ausstoßes scheint die reale Gefahr, die von Kernkraftwerken ausgeht, vernachlässigbar. Vielmehr tragen Kernkraftwerke zur Lösung zweier globaler Probleme bei: der Klimaerwärmung und dem Stromhunger. Die unablässig verbreiteten Warnungen vor einem „grausamen Tod" durch Kernenergie (Daniel de Roulet) spricht der Realität Hohn. Das Entsetzen über die nukleare Katastrophe von Fukushima heftet sich an den falschen Gegenstand, der Vergleich von Fukushima mit Tschernobyl ist faktisch falsch. Das „tödliche Potential der Atomkraft" (Roulet) ist im Vergleich mit anderen menschlichen Risiken eine Fata Morgana; Kernenergie ist kein „Wahnsinn", sondern unter den derzeitigen Bedingungen auch aus ökologischen Gründen vernünftig und vertretbar.

Beruhigende Nachrichten aus Fukushima

Michio Kaku gilt als der populärste Physiker Amerikas. Sein 2008 erschienenes Buch *Physik des Unmöglichen* kam bis in die Bestsellerlisten. Am 6. Mai 2011 wurde er von der *Frankfurter Allgemeine Zeitung* interviewt. Wie in vielen weiteren Interviews sprach er von Fukushima als „tickende Zeitbombe", auch noch, als sich die Lage dort immer mehr stabilisierte.

Wenn es zu einem erneuten Beben kommt, *könnte* die Katastrophe von vorne beginnen, es *gäbe* kein Kühlwasser mehr und es *könnte* eine Kernschmelze eintreten. So schwadronierte Kaku. Die Strahlenbelastung sei an einigen Stellen tödlich, weiß Kaku, obwohl niemand wisse, wie hoch die Strahlung ist. Nach wenigen Stunden einer solchen Kontamination sterbe man. Die Sperrzone nannte er „Todeszone". Eine Rückkehr der Menschen, die dort gelebt haben, sei „ausgeschlossen". Gewichtig erklärt er, dass von Stabilität in Fukushima „noch keine Rede sein" könne.

Kaku mag der populärste Physiker Amerikas sein, der Hellste ist er nicht. Einigen Lesern fiel die Unsinnigkeit seiner Aussagen sogleich auf. „Was Mr. Kaku verlautbart, ist ein wohlfeiles Spiel mit dem Konjunktiv", meinte beispielsweise Leser Gerhard Wruck (arbiter). „Wo sind die Toten, Mr. Kaku?" Die fehlende Stabilität in Fukushima sei „eine Banalität, die unter der Rubrik ‚Rückzugsgefecht der Alarmisten' zu verbuchen ist. Schließlich hat ein gewaltiges Seebeben das Kraftwerk außer Gefecht gesetzt, aber es wird unter mancherlei Erschwernissen daran gearbeitet, Normalität herzustellen."

Leser Klaus Ermecke (kermecke) meinte, die Havarie von gleich vier Reaktoren gleichzeitig war der ultimative Test der Sicherheitspläne. Mängel wurden offenbar. Was war die Folge? „Ein Gebiet von der Größe des Landkreises Pinneberg wurde evakuiert, und Strahlungswerte schossen hoch, als der Wind die als Folge der Knallgasexplosionen freigesetzten radioaktiven Edelgase Krypton und Xenon sowie Jod-131 (und minimale Mengen Cäsium und andere Substanzen) mitbrachte. Und jetzt? Jetzt ist das Krypton verweht, das Jod zerfallen (über 99 Prozent), und das Cäsium, das leicht lösliche Salze bildet, wird mit jedem Regenguss weiter ausgewaschen. In den teilgeschmolzenen Reaktoren ist die Nachzerfallswärme 56 Tage nach dem Unfall mittlerweile auf 1,17 Promille der ursprünglichen thermischen Leistung der Reaktoren gefallen, und am Montag wird sie mit 1,15 Promille in die neue Woche starten."

FAZ.net fragte den Chemie-Experten von Greenpeace, Manfred Santen, ob das Einlassen von radioaktivem Wasser in den Pazifik ein Fischsterben erwarten lässt. Überraschenderweise weist Santen darauf hin, dass sich das eingeleitete radioaktiv kontaminierte Wasser recht schnell verdünnt. Wer hätte das gedacht! Solche Sätze hätte man von Greenpeace in der Vergangenheit gern öfter gehört. Es stimmt ja auch, der Pazifik ist ziemlich groß. Santen bestätigte auch, dass die Messungen der japanischen Behörden mit den Messungen von Greenpeace übereinstimmen, was beruhigend sei. 30 Kilometer vor dem Ufer des Kraftwerks lag der Strahlenwert bei 80 Becquerel pro Liter. Das entspricht etwa der Aktivitätskonzentration der im menschlichen Körper vorhandenen radioaktiven Stoffe (ca. 8.000 Bq verteilt auf 80 bis 100 kg Masse). Das ist praktisch nichts und sagt nichts aus für die Gesundheit des Menschen.

An einigen Hotspots im Nordosten Japans wurden Werte von 0,5 µSv/h (Mikrosievert pro Stunde) gemessen, die aber schnell wieder verschwanden. Die kumulierte Gesamtexposition von Fukushima für die Städter der näheren Umgebung wurde auf 1 mSv pro Person über die gesamte Lebensspanne geschätzt. Das ist ungefähr zehnmal mehr, als man bei einem einzelnen Flug von New York nach Tokio und zurück erhalten würde (75-150 µSv). Wie viele Menschen, vor allem Flugzeugbesatzungen, fliegen mehr als zehn Mal über den Pazifik?

Weitere beruhigende Nachrichten: Plutonium ist ein schweres Material und sinkt in die Sedimentschichten auf dem Meeresgrund, wo es theoretisch wieder aufgewirbelt werden kann, aber das müsste erst mal abgewartet werden. Zudem ist Plutonium ein Alphastrahler, extrem intensiv, aber mit nur einer sehr kurzen Reichweite. Plutoniumstrahlung durchdringt nicht vollständig das Gewebe. Die Gefahr von Plutonium geht davon aus, dass es sich an Partikeln heftet, die eventuell verschluckt, d.h. inkorporiert werden und im Körper Schäden anrichten können. Dazu muss man aber erst einmal Plutonium-Partikel schlucken. Wo soll das passieren? Auf dem Meeresgrund?

Die Lage in Fukushima wird immer stabiler. Roboter hatten Daten über die gesunkene Radioaktivität in einigen Bereichen des Reaktors gesammelt. Nun wurden, immer nur kurzzeitig, Aufräumteams in die Reaktoren geschickt, die Luft- und Wasserfilter einbauen und die Kühlung wieder in Gang setzen sollten. Die Brennelementebecken wurden von außen mit Wasserwerfern gekühlt. Es konnten Stromleitungen zu den Reaktoren gelegt werden, als vorbereitende Maßnahme zum Betrieb der Kühlwasserpumpen. Die Notstromaggregate werden in höhere Gegenden verlegt. Zwischenzeitlich warnten sogenannte Atomexperten davor, dass das Salzwasser für die Kühlung die Anlage durch Korrosion gefährdet. Auch das stellte sich als voreilige und unnötige Warnung heraus.

Schon in 20 Kilometer Entfernung von Fukushima war wenige Wochen nach der Havarie die Strahlenbelastung auf einen kaum noch erwähnenswerten Wert gesunken. In Einzelmeldungen über Isotope in Boden und im Wasser bestimmter Gegenden um Fukushima herum war von vereinzelt erhöhten Werten die Rede, aber tatsächlich verdünnen sich die radioaktiven Zerfallsprozesse mit der Zeit. Die gemessenen Werte sind punktuell zu hoch, aber keineswegs Besorgnis erregend. Dort wo gemessen wird, befindet sich im Augenblick ohnehin kaum ein Mensch.

Am 7. April 2011 berichteten Zeitungen ganz klein, dass ein Leck in Fukushima geschlossen werden konnte. Die Presse wechselte von der Apokalypse zur Anekdote: Zum Abdichten war dem Kunstharz Zeitungspapier beigemischt. Zumindest dafür sind Zeitungen noch zu gebrauchen, wenn sie schon nicht sachlich über Fukushima berichten. Damit war das Thema durch. Neue Schlagzeilen eroberten die Titelseiten.

100 Tage nach dem Unglück berichteten Zeitungen (z.B. *Tagesspiegel* Berlin, 17. Juni 2011, S. 2) über den Stand der Bemühungen, die Reaktoren und die Abklingbecken zu kühlen. Die Versuche scheinen erfolgreich zu sein. Es fällt zwar immer mehr strahlende Flüssigkeit an, aber es laufen erfolgversprechende Versuche, das kontaminierte Wasser durch Tonminerale zu drücken und von radioaktiven Partikeln weitgehend zu reinigen. Ferner wird versucht, nicht frisches Wasser zu nehmen, sondern kontaminiertes Wasser in einem Kreislauf zu nutzen. Einige Abklingbecken werden zur zusätzlichen Sicherheit mit Beton von unten gestützt. Die Nachzerfallswärme hat sich auf 0,3 Prozent der im Leistungsbetrieb erzeugten Wärme reduziert. Das wären 4 Megawatt, vergleichbar etwa 4000 Herdplatten. Experten gehen davon aus, dass die Kerne, wenn sie denn schmolzen, inzwischen erstarrt sind.

Wie vorausgesehen wird von der Regierung überlegt, einige südlich gelegenen Teile des Sperrgebiets wieder freizugeben. Goshi Hosono, zuständiger Minister für die Atomkrise in Fukushima, kündigte für den Herbst 2013 die Dekontaminierung einiger Bereiche in der 20-Kilometer-Sperrzone an. Leicht erhöhte Radioaktivität, zum Beispiel an Teepflanzen oder im Trinkwasser, fällt gesundheitlich nicht ins Gewicht. Erst recht nicht in weit entfernten Ländern. Viele Isotope sind zerfallen und strahlen deshalb auch nicht mehr – neue kommen nicht hinzu. Verkaufseinschränkungen für Gemüse und Fisch wurden von der Regierung weitgehend aufgehoben. Sofern erhöhte Radioaktivität in Lebensmitteln (vor allem Fischen) gefunden wird, lagen sie 100 Tage nach der „größten Atomkatastrophe nach Tschernobyl" meist unter den geltenden Grenzwerten.

Im August 2011 war die Strahlung auf dem Anlagengelände weiterhin stabil. Größere Freisetzungen von Radioaktivität gab es offenbar seit einigen Wochen nicht mehr. Stark kontaminiertes Wasser wird inzwischen abgepumpt und in provisorischen Behältern gelagert; eine Dekontaminierungsanlage ist in Betrieb genommen worden. An einer Stelle wurde die erstaunlich hohe Radioaktivität von zehn Sievert pro Stunde gemessen, teilte Tepco mit. Die Strahlung lag am Außenrohr zwischen den Reaktoren 1 und 2. Ein mehrstündiger Aufenthalt in unmittelbarer Nähe führt mit Sicherheit zu einer schweren Strahlenkrankheit. Sven Dokter, Sprecher der Gesellschaft für Anlagen- und Reaktorsicherheit (GRS), hält es für unwahrscheinlich, dass aus einem neuen Leck Radioaktivität austritt. „Die anderen Messwerte auf dem Gelände haben sich seit Tagen nicht verändert", sagte Dokter. Die gemessene hohe Radioaktivität wird nach Experten-Einschätzung wahrscheinlich nicht in die Umgebung getragen. Tepco versprach, die Messstelle abzuriegeln. In diesem Teil des Geländes seien derzeit keine Arbeiten notwendig. Die Arbeiter müssen nun unerhörte drei (drei!) Meter Abstand halten.

Wie bereits erwartet, hob die japanische Regierung Ende September 2011 die Evakuierungsempfehlung im äußeren 20- bis 30-Kilometer-Ring um die KKW-Anlage herum auf. Von den dort einst ansässigen 59.000 Bewohnern waren ohnehin nur 28.000 geflohen. Sie können nun zurückkehren, so die Regierung, ihre Sicherheit sei gewährleistet. Die fünf betroffenen Gemeinden haben daraufhin in Tokio ihre Dekontaminierungspläne vorgelegt. Allerdings: Bürgermeister von fünf betroffenen Ortschaften haben gegen die Aufhebung der Evakuierungsempfehlung protestiert und fordern erst mehr Maßnahmen für den „Schutz der Bewohner", bevor sie diese zurückkehren lassen.

Die Dekontaminierung wurde aufgenommen und schreitet voran. „Man trug die Erdoberfläche ab, man wusch die Erde mit Wasser und entfernte dann das Wasser, man tauschte Erdreich von der Oberfläche gegen Erdreich aus tieferen Schichten und man pflanzte Sonnenblumen. Die Sonnenblumen erwiesen sich als am wenigsten wirkungsvoll. Sie absorbierten nur 0,05 Prozent des Cäsiums aus dem Boden“, berichtete Petra Kolonko (*Frankfurter Allgemeine Zeitung*, 1. Oktober 2011). Sie fuhr fort: „Dagegen erbrachte das Abtragen von vier Zentimetern Erdreich eine Minderung des Caesiumgehaltes um bis zu 75 Prozent. Wenn von Weideland und Wiesen drei Zentimeter mit Gras abgetragen wurden, konnte die Konzentration von Caesium um 97 Prozent verringert werden. ... Viele Ortschaften haben zur Selbsthilfe gegriffen und mit Hochdruck-Wasserstrahlern ihre Häuser und Straßen von radioaktiven Teilchen gereinigt.“

Nach Einschätzung von Experten war die akute Krise etwa seit dem 29. März beendet, d.h. spätestens ab diesem Zeitpunkt war nicht mehr mit größeren zusätzlichen radioaktiven Freisetzungen in die Atmosphäre zu rechnen. Alle Reaktoren und Abklingbecken wurden wieder gekühlt, und es gab Elektrizität, so dass zügig weitere Systeme einsatzbereit gemacht werden konnten.

Was schreiben die Medien? „Die Atomruine in Fukushima ist viel stärker verstrahlt als bisher bekannt.“ „Die Behörden spielen die Gefahr für die Bevölkerung herunter.“ „Höchste Radioaktivität in Fukushima seit Beben.“

Wie meistens lernt der Mensch auch aus Unglücken und Niederlagen. Mancherorts wird verzweifelt gefragt, „müssen wir es erst zu einer Katastrophe kommen lassen, damit der Mensch lernt?“. Die Antwort lautet: Ja. Oft lassen sich Havarien und Versagen vorausahnen, manchmal aber nicht. Der Gang der Dinge und die Handlungen der Menschen sind zu vielfältig und zu imponderabel, als dass jegliche zukünftige Entwicklung vorhersehbar wäre.

Der Mensch lernt auch aus Fukushima. Die deutsche Reaktorsicherheitskommission hat Verbesserungen bei der Bereitstellung von Notpumpen und dem dafür benötigten Treibstoff angemahnt. Die französische Behörde für Nuklearsicherheit IRSN empfahl im November 2011 nach einer breit angelegten Untersuchung zusätzliche Sicherheitsvorkehrungen für alle 58 Reaktoren im Lande. Keiner dieser Meiler müsse stillgelegt werden. Die Maßnahmen betreffen Vorkehrungen gegen den Ausfall mehrerer KKW bei Erdbeben, Überschwemmungen oder schweren Bränden. Mindestens ein Notstromdiesel müsse erdbeben- und überflutungssicher höhergelegt liegen.

Erwartungsgemäß zeigten sich die Atomgegner enttäuscht, dass kein Werk geschlossen wird. Oppositionsführer Francois Holland, der ein Regierungsbündnis mit den Grünen anstrebt, will zwar innerhalb von 15 Jahren den Anteil von Atomstrom von 75 auf 50 Prozent senken, aber am Bau des EPR-Reaktors in Flamanville festhalten. Der Evolutionary Power Reactor (EPR) verfügt nach Ansicht der Hersteller über eine etwa zehnmal geringeren Eintrittswahrscheinlichkeit für Unfälle sowie über ein besseres Störfallmanagement gegenüber heutigen Druckwasserreaktoren.

BERICHTE DER INTERNATIONALEN ATOMENERGIEAGENTUR IAEA

Am 1. Juni 2011 veröffentlichte die Internationale Atomenergieagentur IAEA ihren vorläufigen Bericht zum Fukushima-Unglück. Die Medien hoben daraus in der Regel die IAEA-Kritik am Betreiber Tepco hervor: „Japan hat Tsunami-Gefahr unterschätzt" oder „Nach dem Atomunfall in Fukushima: Atomenergiebehörde mahnt Betreiber". Der 14 Meter hohe Tsunami in Folge des Megabebens vom 11. März sei ganz offensichtlich die direkte Ursache für das Desaster im AKW Fukushima, erklärte der Chef des IAEA-Teams, Michael Weightman. Im Übrigen lobte die IAEA das japanische Krisenmanagement. Japans Umgang mit der Krise sei „beispielhaft" gewesen.

Greenpeace schäumte vor Wut. Sie interpretierte den Bericht in gewohnt aggressiver und ehrabschneiderischer Weise. „Dass die IAEA- Kommission jetzt behauptet, der Tsunami sei an der Atomreaktorkatastrophe von Fukushima schuld, ist lange widerlegt und hat nur einen Grund: die wahren Ursachen zu verschleiern." Greenpeace unterstellt Tepco und der Regierung vorsätzlichen Betrug und Täuschung: „Schon wenige Stunden nach dem japanischen Erdbeben vom 11. März hat TEPCO von den Kernschmelzen in Fukushima gewusst und die radioaktive Verseuchung seiner Angestellten, der umliegenden Region und des Meerwassers in Kauf genommen." Greenpeace unterstellt Tepco, die Firma habe die Umgebung bewusst radioaktiv verseuchen lassen und tatenlos zugesehen. Schamlos stellen die deutschen Umweltlobbyisten Tepco und die Regierung als bewusste Lügner und Umweltverschmutzer hin.

Nach Einschätzung der IAEA wurde zwar radioaktives Material in der Atmosphäre verbreitet, aber in einer „extrem niedrigen Konzentration, die keine gesundheitliche oder sicherheitsrelevante Gefährdung beinhaltet". Seit dem 11. März veröffentlicht die IAEA kontinuierlich fast täglich die jeweils neuesten überprüften (und nicht nur gemutmaßten) Daten zu Fukushima (siehe Quellenhinweis IAEA).

Die IAEA stellte dabei Anfang Juni 2011 fest: „Fortschritte werden gemacht in jedem der Einheiten 1-4 in Richtung auf die Erfüllung der drei grundlegenden Sicherheitsfunktionen der IAEA-Sicherheitsstandards: Verhütung der ‚Kritikalität' [also unkontrollierte Kernschmelze], Reduzierung der Hitzeentwicklung und die Abschwächung von radioaktiver Freisetzung". In den Blöcken 1, 2 und 3 werde kontinuierlich frisches Wasser in die Reaktordruckbehälter gepumpt und der Druck bleibe konstant. Um gegen ein weiteres Erdbeben gewappnet zu sein, habe Tepco am 9. Mai begonnen, in Block 4 das Abklingbecken konstruktiv zu verstärken.

Die Suche nach einem Endlager

Die neue Bundesgesellschaft für Endlagerung und das ebenfalls neue Bundesamt für kerntechnische Entsorgungssicherheit sowie das Bundesamt für Strahlenschutz sollen in den nächsten Jahrzehnten in Deutschland ein Endlager errichten, um den Atomabfall 1 Million Jahre sicher zu vergraben. Mit diesem über mehrere Jahrzehnte dauernden und sehr teuren Unterfangen scheinen physikalische und chemische Gesetze sowie absehbare technische Entwicklungen aus dem Blick geraten zu sein.

Erstens ist nicht einzusehen, warum in Deutschland anfallende, ausgediente Brennstäbe nur in Deutschland gelagert werden sollen. Strahlung ist ein Weltphänomen; das angereicherte Uran kommt aus anderen Ländern. Warum kein Endlager in der Wüste Gobi errichten?

Zweitens ist der sogenannte Atommüll eine nachhaltige Energie-Rohstoff-Reserve nicht nur für Deutschland, die die natürlichen Energieressourcen schonen kann: abgebrannte Brennelemente enthalten energetisch nutzbare Nuklide, die schon heute bei wieder aufgearbeiteten Brennstäben eingesetzt werden. Die dabei entstehenden Reststoffe lassen sich in einer zweiten Recyclingstufe mittels des Transmutationsverfahrens zu neuen Brennstäben verarbeiten und abermals zur Stromerzeugung nutzen.

Man versucht bei der Transmutation, langlebige Spaltprodukte in kurzlebigere umzuwandeln, um damit die notwendige Isolationszeit zu verkürzen (d. h. die 1-Millionen-Jahre-Dauer deutlich zu verringern). Das nicht verbrauchte Uran und das erbrütete Plutonium aus der ersten Recyclingstufe werden in einigen Ländern dieser Erde bereits so, wie es ist, neuen Brennelementen bei deren Herstellung beigemischt (sogenannten MOX-Brennelemente).

Dieses Verfahren ist noch nicht ausgereift. In zahlreichen Ländern wird an seiner Optimierung gearbeitet. Eine Endlagerstätte tief unter der Erde würde man dann nicht mehr benötigen. Erstens weil man an oberirdisch gelagertem Atommüll leichter herankommt, zweitens weil die verbleibende Reststrahlung schon nach etwa 300 Jahren der der natürlichen Strahlung entspricht.

Die Kriterien für ein Endlager in Deutschland sind derart hoch angesetzt, dass man eigentlich davon ausgehen kann, es werde niemals eine geeignete Lagerstätte gefunden werden. Insbesondere die Vorgabe, die hoch radioaktive Strahlung müsse eine Million Jahre sicher eingeschlossen sein, scheint absurd. Man könnte Kosten von mehreren Milliarden Euro sparen, wenn man es bei einer oberirdischen Lagerung der radioaktiven Behältern belässt. Die darin enthaltenen radioaktiven Stoffe sind kein Abfall, sondern Wertstoff. Oberirdische Zwischenlager in der unmittelbaren Umgebung von deutschen Kernkraftwerken sind derzeit auf 40 Jahre genehmigt. Was in 40 Jahren sein wird, kann niemand sagen. Unsinnig ist es auch, die Abfälle aus der Asse wieder an die Oberfläche zu holen. Deren Radioaktivität klingt ebenfalls kontinuierlich ab und wird bald geringer sein als die des natürlichen Gesteins.

Insgesamt darf es in Deutschland keine Lösung für den sogenannten Atomabfall geben. Eine Lösung wäre doch der Tod des Problems. Eine wichtige Angstquelle der Deutschen würde wegfallen, und die Grünen würden einen erheblichen Teil ihrer Legitimität verlieren. Folglich muss die Angst vor der unterirdischen Lagerung von angeblich hochradioaktiven Stoffen am Kochen gehalten werden, unabhängig davon, ob es einen Kompromiss zur Endlagersuche gibt. Und natürlich stimmt auch das Argument nicht, dass es auf der ganzen Welt noch kein Endlager gibt. Eine schnelle Wikipedia-Recherche liefert Daten zu fünf bis sechs Endlager. Aber dieser bedarf es wie gesagt gar nicht.

Mit dem Bericht der Bundesgesellschaft für Endlagerung ist Deutschland auf dem Weg zum Endlager nur scheinbar einen winzigen Schritt vorangekommen. In der Sache bewegt sich nämlich nichts. Die Vor- und Nachteile der schon genutzten und der potenziellen Lager sind seit Jahrzehnten bekannt. Der Hauptzweck des Berichts, dem zu erwartenden Widerstand die Luft aus den Segeln zu nehmen, kann nicht erreicht werden. Sachsen und Bayern, die möglichen Granit-Standorte, haben schon abgewunken, bevor überhaupt eine Erkundung stattgefunden hat: Bei uns niemals! „Das ist nur ein Grund von vielen, warum die Suche nach einem deutschen Endlager, geht sie so weiter, eine endlose sein wird." (Jasper von Altenbockum, FAZ, 6. Juni 2016)

Was wird in zehn Jahren sein?

Die Stromerzeugung aus Kernenergie wird irgendwann der Vergangenheit angehören, ebenso wie der Individualverkehr mit Verbrennungsmotoren und das Smartphone. Das benzinbetriebene Auto und das Telefon, mit dem man fotografieren kann, sind „Brückentechnologien", um im grünen Jargon zu bleiben. Kernkraft ist eine junge Technologie und wegen der positiven Lehren aus Tschernobyl und Fukushima wird sie noch Jahrzehnte bestehen. Ob die japanische Katastrophe mit ihrer apokalyptischen Trias Erdbeben, Tsunami und Zerstörung des Atomkraftwerks Fukushima ein Schwenk hin zu einer unnötigen und unnötig teuren alternativen Technikentwicklung bedeutet, bleibt abzuwarten. Bislang hat nur Deutschland entschieden reagiert, während viele andere Staaten auf neue, kleine und noch sicherere Atommeiler setzen.

Für das Jahr 2021 wagen einige Experten folgende Prognose: Das letzte deutsche Atomkraftwerk geht vom Netz, deutlich früher, als von der rotgrünen Bundesregierung im so genannten Atomkonsens 2002 vorgesehen. Die Hälfte des Stromes in Deutschland wird von Braunkohle und Steinkohle produziert und ein weiteres Viertel durch Erdgas, das letzte Viertel durch erneuerbare Energien. Durch die Verfeuerung von Kohle und Gas werden klimaschädliche Treibhausgase in die Atmosphäre geblasen. Die Bundesrepublik verfehlt das CO_2-Reduktionsziel deutlich. Im Norden der Bundesrepublik müssen Windkraftanlagen runtergefahren werden, weil Zwischenspeicher und Leitungen in den industriellen Süden der Bundesrepublik fehlen. Umliegende Länder mit weiter laufenden Atomkraftwerken werden Strom nach Deutschland liefern.

Es wird weiter demonstriert gegen neue Windkrafträder, Offshore-Windparks, Hochspannungstrassen und ein Endlager für verbrauchte Brennstäbe. Pumpspeicher beispielsweise bedeuten einen erheblichen Eingriff in die Landschaft. Die Schluchsee-Kraftwerke wollen im Südschwarzwald ein neues Pumpspeicherwerk bauen. Im Hinblick auf den Atomausstieg und die CO_2-Diskussion scheint die Zeit günstig wie nie. Doch derlei Überlegungen überzeugen nicht die Einheimischen, die um die Natur und die touristische Attraktivität fürchten (Rüdiger Soldt: „Umweltbewusstsein gegen Sorge um die Umwelt", FAZ, 21. April 2011, S. 4). Für mehrere Jahre wird das Hotzenwald-Tal eine Großbaustelle sein, bis dann Sträucher und Bäume das Wasserbecken auf der Bergkuppe wieder verdecken. 3200 Megawatt könnte das dazugehörige Kraftwerk im Tal liefern, doch vor Baubeginn ist die Stimmung aufgeheizt.

Wegen wieder leicht steigender Bevölkerungszahl (Einwanderung), vor allem aber wegen des zunehmenden Gebrauchs elektrischer Geräte wird die verbrauchte Strommenge in Deutschland um 10 Prozent gegenüber 2011 gestiegen sein. Einen nicht geringen Anteil werden daran die dann ungefähr eine Million Elektrofahrzeuge auf deutschen Straßen haben. Diese werden Spezialparkplätze benötigen. Wegen der Zukäufe wird es keine Stromlücke geben, wohl aber wegen der Proteste gegen neue Stromtrassen. Fotovoltaische Anlagen auf deutschen Hausdächern werden nominell 50.000 MW Leistung anbieten; faktisch werden es nur 5000 MW sein, da die Sonne hierzulande nicht so häufig scheint. Das entspricht etwa fünf Atomkraftwerken.

Die Solar- und Windlobby ist zwar enorm erfolgreich, was das Einstreichen von Milliardensubventionen angeht, doch die Zweifel an der Stromgewinnung durch Wind und Sonne reißen nicht ab: Windanlagen laufen 1500 Stunden im Jahr, Kernkraftwerke fünfmal so viele Stunden. Fotovoltaikanlagen bringen rund 900 Stunden Strom pro Jahr, Kernkraftwerke mehr als achtmal so viel. Der Kampf „Grün gegen Grün" wird an Schärfe zunehmen. Überall legen sich die Menschen vor Ort quer gegen Hochspannungsleitungen, Pumpspeicherkraftwerke, hochmoderne Kohle- und Gaskraftwerke. Die CO_2-Verpressung in den Untergrund, die Nutzung von Bergwerken zur Endlagerung von Atommüll und das Fracking werden nicht wesentlich vorangekommen sein.

Der Ausstieg aus der Kernenergie und der Aufstieg der erneuerbaren Energien führen zu einem Machtwechsel in der Strombranche. Die fossile und die nukleare Stromerzeugung stehen in einigen wenigen Jahrzehnten vor dem Aus. Die dezentrale Erzeugung nimmt qualitativ und quantitativ zu. Lokale Stromerzeuger verdrängen die großen Kraftwerksbetreiber. Es kommt zu einer Rekommunalisierung der Stromerzeugung mit den Stadtwerken als Hauptprotagonisten (siehe Peter Becker: *Aufstieg und Krise der deutschen Stromkonzerne.* Bochum 2010). Mit moderner Technologie lassen sich alte Brennstäbe wieder aufbereiten, die dann wieder nutzbar sind, aber das geschieht nicht in Deutschland.

Die kurzen Zeiträume und die angegebenen Kosten für den Ausstieg und den Umbau entspringen reinem Wunschdenken. „Es wird versprochen, was das

Zeug hält – um die Realität mögen sich später andere kümmern", schrieb Alexander Gauland im *Tagesspiegel* Berlin (18. April 2011). Genehmigungsverfahren für Hochspannungsleitungen und Pumpspeicherwerke dauern im besten Falle 12 Jahre, wenn es hoch kommt bis zu 20 Jahren. Fast alle in der Planung befindlichen Trassen und Speicher, egal in welchem Bundesland, sind mit rechtlichen Ansprüchen von lokalen Bürgerinitiativen blockiert. Steckt hinter diesem Denken, es wird schon alles gut gehen, Naivität oder Selbstüberschätzung?

Bei weltweit 443 laufenden und 135 in Bau oder Planung befindlichen Kernkraftwerken wird es unweigerlich über kurz oder lang zu weiteren kleinen oder großen Störfällen und Unglücken kommen. Auch die nächste Katastrophe wird wieder einzigartig sein, sonst würde sie ja nicht eintreten. Selbstverständlich wird die internationale Nuklearindustrie aus Fukushima und allen anderen kleineren und größeren Störfällen Konsequenzen ziehen.

Deutschland, die Deutschen und deutsche Politiker befinden sich in einem inneren Patt: Fossile Kraftwerke will man nicht wegen des Kohlendioxids, Atomstrom will man nicht wegen der Gefahren, und erneuerbare Energien können sich nur schwer durchsetzen wegen des gewaltigen Landschaftsverbrauchs und/oder der nicht kontinuierlichen Versorgungssicherheit bei der Stromproduktion mittels Wind und Sonnenlicht.

Noch ist mit Fukushima nicht der Punkt gekommen, an dem die Menschen aufhören, an das Versprechen des unaufhörlich wachsenden Wohlstands zu glauben. Der Preis für dieses Versprechen ist keineswegs zu hoch; die Tarife für Mobiltelefonie sinken, die Autos werden immer perfekter, der Strom kommt aus der Steckdose, die Flachbild-Fernseher liefern ein immer brillanteres Bild, die Fahrzeiten mit den Zügen werden kürzer, das Lebensmittelangebot immer breiter und raffinierter, die Medizintechnik rettet heute Menschenleben, das früher verloren war. Schon in früheren Zeiten schien es einigen Beobachtern unwahrscheinlich, dass die Entwicklung in diesem Tempo anhalten könnte; sie wurden alle widerlegt. Warum also sollte Fukushima etwas ändern, was Tschernobyl schon nicht verändert hat?

Das heißt nicht, dass es an der westlichen Lebensweise nichts zu kritisieren gäbe. Erich Fromm hat schon vor über 50 Jahren die Konsumorientierung der Amerikaner mit guten Argumenten als fundamentalen Irrweg angegriffen. Doch die Ölkatastrophe im Golf von Mexiko im Jahre 2010 hat so gut wie niemanden dazu veranlasst, den Ölverbrauch zu drosseln. Selbst die Grünen sind auf den Zug des immerwährenden Wachstums aufgesprungen, wenn sie ein Deutschland ohne Kernkraftwerke propagieren, regenerative Stromerzeugung mit vielen Arbeitsplätzen in Verbindung bringen und zugleich versprechen, dies werde ohne Komforteinbuße und zu günstigen Preisen möglich sein.

ATOMKRAFT - JA, BITTE!

Eine relativ alte Atomanlage in Japan mit – wie sich zu spät herausstellte – unzureichenden Sicherheitsvorkehrungen wurde von einem Monster-Erdbeben und einem gewaltigen Tsunami getroffen. Die Eigenversorgung mit Elektrizität versagte und legte das Kühlsystem lahm. Die Reaktoren schmolzen und die Anlagen explodierten. Atomenergie hatte mit Fukushima einen der härtesten möglichen Tests durchlaufen – und die radiologischen Folgen für die Menschen und die Planeten waren minimal. Niemand starb, niemand bekam eine tödliche Strahlendosis ab.

Trotzdem ist eine vermeintliche Mehrheit der Deutschen für die Abschaffung der Atomkraft, was rund vier Monate nach dem Unglück in Fukushima gesetzliche Realität wurde. Doch sind die Bürger bereit für die Energiewende? Sind sie bereit, auch vor ihrer Haustür Maßnahmen zum Ausbau der regenerativen Energien hinzunehmen? In Niedersachsen sollten bis 2015 fast 1000 Kilometer oberirdische Stromleitungen neu gebaut werden. Die Planung begann 2007. Realisiert wurden in vier Jahren nur etwa zehn Prozent. Die DEA, die Deutsche Energieagentur, geht davon aus, dass in den kommenden zehn Jahren bundesweit rund 3500 Kilometer neue Hochspannungsleitungen gebaut werden müssten, bei einem Anteil von 40 Prozent Ökostrom im Netz.

Das Stromverteilungsnetz ist das Kernstück und letztendlich die Achillesferse des neuen Strommixes in Deutschland. Die Zeit drängt. Gegen die derzeit in Planung befindlichen Trassen gibt es Zehntausende von Bürgereinwendungen. Die Planung hinkt Jahre hinterher. Der Haupteinwand gegen oberirdische Stromtrassen: die Touristen bleiben weg, die Hochspannungsleitungen stören Herzschrittmacher, die eigene Immobilie erleidet Wertverlust und Stromleitungen könnten Krebs auslösen. Die Anwohner fordern die unterirdische Verlegung der Leitungen, was die Kosten enorm nach oben treibt.

Wer Ja sagte zu erneuerbaren Energien, sagt noch lange nicht Ja zu der dafür erforderlichen Technik. Mehr Transparenz und mehr Partizipation im Planungsverfahren heißt offenbar auch mehr Widerstand und mehr Ablehnung. Wenn die Bürger nicht mitgenommen werden, kann die Energiewende in Deutschland nicht stattfinden.

Wenn der Wind nicht weht und die Sonne nicht scheint, steht alles still. Was ist die Alternative? Man sollte neue Atomkraftwerke bauen, statt sich von fossilen Brennstoffen abhängig machen. Ich glaube an die Atomkraft. Die Anlagen sind sicherer geworden und die Werke sind heute sehr viel effektiver. In Schweden dürfen Betreiber neue Atomkraftwerke bauen, wenn sie dafür alte, konventionelle Kraftwerke auf fossiler Basis abschalten.

Kernkraft sollte auch künftig zum Energiemix gehören. Wir in Deutschland befinden uns nicht in einem erdbebengefährdeten Gebiet. Fakt ist, dass nicht ein einziger Deutscher jemals an den Folgen eines Atomunfalls gestorben ist. Die deutsche Nuklear-Angst hat sehr wenig mit realen Risiken zu tun und sehr viel mit religiös und zwanghaft anmutenden Vorurteilen. Atomenergie gibt dem Land Energiesicherheit, bezahlbaren Strom und CO_2-Einsparungen, womit wir auch unseren Beitrag zum Klimawandel leisten.

Zu guter Letzt: Acht Thesen zur Kernenergie in Deutschland

Gegen Kernenergie spricht:

1. Die Zahl der Betroffenen (Evakuierten) bei einem echten Kernkraft-GAU ist erheblich. Das Hauptproblem ist weniger die zusätzlich aufgenommene Radioaktivität, vielmehr die in der Bevölkerung grassierende Angst. Die hysterischen Reaktionen von Bevölkerung und Behörden machen die eigentliche Katastrophe aus, nicht die erhöhte Radioaktivität.

2. Die Endlagerfrage ist in Deutschland nicht geklärt, weniger aus sachlichen, vielmehr aus ideologisch-politischen Gründen. Mit der Blockade der Lagerfrage soll die gesamte Kernenergie ausgebremst werden.

Für Kernenergie spricht:

3. Die Verwüstungen bei Öl-, Gas- und Kohleunfällen entsprechen in der Größenordnung – gemessen an Kompensationen in Geld – denen einer Kernkraftanlagen-Havarie. Wer Kernenergie aus Sicherheitsgründen abschafft, sollte auch die Kohle-, Gas- und Erdölförderung sowie die industrielle Produktion und den Autoverkehr insgesamt einstellen.

4. In den 40 Jahren seit Betrieb von Kernenergieanlagen gab es in westeuropäischen Anlagen keinen einzigen direkt auf Radioaktivität zurückgehenden Todesfall. Zum Vergleich: In Westeuropa starben in dem Zeitraum grob geschätzt 1,6 Millionen Menschen im Straßenverkehr. Die Zahl der Verstrahlten ist unglaublich gering und ihre Verstrahlung sehr niedrig. Sie hat keinen messbaren Einfluss auf die Morbiditäts- oder Mortalitätsstatistik.

5. Die Gefährlichkeit von Kernenergie ist nicht höher als bei der Stromerzeugung durch Gas, Wasser oder Wind und niedriger als bei der Stromgewinnung durch Kohle – gemessen an der Zahl verlorener Lebensjahre durch vorzeitigen Tod, an der Zahl der Verletzten, der Zahl der Evakuierten und der Zahl der zusätzlich Erkrankten pro erzeugter Terawattstunde.

6. Eine kontinuierlich erhöhte Radioaktivität um 0,0003 mSv/h (Millisievert pro Stunde) bzw. 0,3 µSv/h (Mikrosievert pro Stunde) ein Jahr lang (ent-

spricht etwa 2,5 mSv pro Jahr) ist vernachlässigbar. Eine einmalige zusätzliche Dosis von 20 mSv (entspricht 0,0025 mSv/h bzw. 2,5 μSv/h ein Jahr lang) ist ohne weiteres tolerierbar. Eine bedenklich erhöhte Mutationsrate bei der Zellteilung tritt auf erst bei einer Einzeldosis von 1000 mSv pro Person (entspricht 0,11 mSv/h ein Jahr lang). 100 mSv erhöht die spontane Krebsrate um fünf Prozent in einer gegebenen Gruppe, d.h. bei einer Dosis von 100 mSv pro Person ist in einer größeren Personengruppe Jahrzehnte später mit fünf zusätzlichen Todesfällen pro 100 Personen als Spätfolge zu rechnen. Die durchschnittliche Krebserkrankungsrate steigt unter dieser Exposition von etwa 25 auf 26,25 Prozent. Das liegt innerhalb der natürlichen Schwankungsbreite. In der Regel wird es sich um gut behandelbaren Schilddrüsenkrebs handeln.

Die Strahlenbelastung der vom Reaktorunfall betroffenen Einwohner liegt nach der Abschätzung der WHO (World Health Organization) für das ganze Fukushima-Gebiet in Einzelpersonen bei maximal 50 mSv, im Mittel bei 2 mSv. Die WHO hat alle Werte über die Strahlenbelastung zusammengestellt, welcher die Bevölkerung in der Umgebung des Kernkraftwerks Fukushima 1 infolge des Unfalls ausgesetzt ist. Die Werte der Ganzkörperdosis betragen in der Region Fukushima nahe am Kraftwerk 10 bis 50 mSv, in den vom Kraftwerk weiter entfernten Orten der Region Fukushima noch 1 bis 10 mSv, in den Bereichen der Städte Tokio, Osaka und anderswo 0,1 bis 1 mSv. Ganzkörperdosen über 100 mSv wurden bei niemandem gefunden (Quelle siehe Quellenhinweise).

7. Für Kernenergie spricht die zuverlässige, sichere und kontinuierliche Stromproduktion in kontinuierlich sicherheitstechnisch aufgerüsteten Kernkraftanlagen bei praktisch nicht vorhandener Freisetzung zusätzlicher Radioaktivität.

8. Die Energiewende wird statistisch gesehen zu mehr Todesfällen und Erkrankten pro erzeugte Terawattstunde Strom führen.

QUELLENHINWEISE

Tsunami, beispielsweise

http://www.youtube.com/watch?v=RPTAo6cbd3E&feature=related oder
http://www.youtube.com/watch?v=5A Cvbd67a4&feature=related.

Inside report from Fukushima nuclear reactor evacuation zone:
http://www.youtube.com/watch?gl=DE&v=yp9iJ3pPuL8. Version vom 19.
Mai 2011.

Fukushima-Desaster-Informationen:

http://spectrum.ieee.org/energy/nuclear/24-hours-at-fukushima;
http://de.wikipedia.org/wiki/Nuklearkatastrophe von Fukushima#cite ref-
iaeo-untersuchung 39-0;

http://de.wikipedia.org/wiki/Chronologie der Katastrophe in Japan v on
2011

http://de.wikipedia.org/wiki/Kernkraftwerk Fukushima-Daiichi
http://en.wikipedia.org/wiki/Fukushima, Daiichi nuclear disaster

Fukushima-Kamera: http://www.tepco.co.jp/nu/f1-np/camera/index- j.html

Gesellschaft für Anlagen- und Reaktorsicherheit (GRS): Zur Sicherheit des
Betriebs der Kernkraftwerke in Deutschland. Köln. 3. Auflage 2003.
http://www.grs.de/sites /default/files /pdf/GRS-S-46.pdf. Stand vom Mai
2011.

IAEA-Daten zu Fukushima:

http ://www.iaea.org/newscenter /news /tsunamiupdate01.html. Version
vom 30. Mai 2011

IEEE Spectrum: Fukushima and the Future of Nuclear Power. What lessons
can the world learn from the nuclear accident at Fukushima Dai, Novem-
berausgabe 2011. Ausgezeichneter Überblick.

United Nations Scientific Committee on the Effects of Atomic Radiation -
UNSCEAR 2008 Report to the General Assembly, Volume II: Scientific An-
nexes C, D and E.

www.unscear.org/unscear/en/publications /2008 2.html, Stand vom Mai
2011.

Ermecke, Klaus: Das deutsche Fukushima-Desaster. Medien-Tsunami und Polit-GAU verwüsten die Stromversorgung. Oberhaching, Oktober 2011. Ein sehr gut recherchierter, kompakter Überblick über das, was tatsächlich in Fukushima geschah und wie man in Deutschland darauf reagierte. URL http://www.ke-research.de /downloads /FukushimaDesaster.pdf. Version vom 11.11.2011.

ENTSOE european network of transmission system operators for electricity: https://www.entsoe.eu.

Verständliche technisch-physikalische Erklärungen von engagierten Studenten: http://www.physikblog.eu/2011/03 /21/eine-zusammenfassung- der-probleme-bei-fukushima-i/

Welt online: „So traf die Welle das AKW Fukushima in Japan" (13 Bilder), http://www.welt.de/wissenschaft/article13392255/Die-Angst-vor-den-hochradioaktiven-Corium-Klumpen.htmL Version vom 25. Mai 2011

Reaktorsicherheitskommission (RSK): „Anlagenspezifische Sicherheitsüberprüfung (RSK-SÜ) deutscher Kernkraftwerke unter Berücksichtigung der Ereignisse in Fukushima-I (Japan)" RSK-Information Nr. 437 vom 16. Mai 2011.

http ://www.bmu.de /files /pdfs /allgemein /application /pdf/sicherheitsueberpruefung stellungnahme rsk.pdf

Schuller, Konrad: „Um 1.23 Uhr verloren sie die Kontrolle", FAZ, 21. April 2011, S. 8

Smith, Jim: A long shadow over Fukushima. *Nature* 472, 7 (2011), published online 5. April 2011, http://www.nature.com/news /2011/110405 /full 7472007a.html

Dietrich, Stefan: „Meldepflichtige Ereignisse – Gabriels ‚Mythen der Atomenergie'", *Frankfurter Allgemeine Zeitung*, 24. Juli 2009

Spiegel Online: Informatives Kartenmaterial zur Katastrophe in Fukushima. URL: http://www.spiegel.de /panorama/0.1518.bild-193266- 751072.00.html. Version vom 1. Juli 2011

Noch besser ist die vergleichende Darstellung der Radioaktivitätsaufnahme einer Person je nach Ereignis: URL http://xkcd.com/radiation/ (Version vom 1. Juli 2011). Wenn das Essen einer Banane mit 0,1 µSv zu Buche schlägt,

dann bedeutet ein transatlantischer Flug die 100-fach Dosis (etwa 0,1 mSV),
die natürliche Strahlenbelastung etwa die 1000- bis 10.000-fache Dosis.

WHO 2012: *Preliminary dose estimation from the nuclear accident after the 2011
Great East Japan Earthquake and Tsunami.* URL:
http://whqlibdoc.who.int/publications/2012/9789241503662_eng.pdf

Todesursachen der Bevölkerung in Hiroshima und Nagasaki:
http://www.pcf.city.hiroshima.jp/kids/KPSH_E/question_box/question12.
html, 8. August 2014.

Angebliche Schilddrüsen-Anomalien bei Kindern in Fukushima:
http://www.global2000.at/site/de/nachrichten/atom/fukushima127/pressart
icle-schilddruesen2013.htm und
http://derstandard.at/1361241345470/Schilddruesen-Anomalien-bei-
Fukushima-Kindern;
Geschätzte zusätzliche Radioaktivitätsdosis bei Kindern und Jugendlichen bis
19 Jahre:
http://www.fmu.ac.jp/radiationhealth/results/10_basic_survey.html, Version
vom 30.03.2013;
Fukushima Medical University: Fukushima Radiation and Health – Progress
Report/Survey Results. http://www.fmu.ac.jp/radiationhealth/results/10-
1_basic_survey.html, Kapitel „3. Evaluation of the results", Stand 30.04.2013.
Alle epidemiologischen Studien und alle Fachartikel unterstreichen diesen
Tatbestand, beispielsweise
http://bjr.birjournals.org/content/79/940/285.full.pdf, S. 286, Stand
30.04.2013. Siehe auch
http://www.fmu.ac.jp/radiationhealth/conference/presentation/day1/1104.p
df, Folie 28, Stand 27.04.2013

Ergebnissen der großen Schilddrüsen-Ultraschall-Reihenuntersuchungen
www.pref.fukushima.jp/imu/kenkoukanri/250213siryou2.pdf, Version vom
31.03.2013 und URL www.fmu.ac.jp/radiationhealth/results/, Version vom
30.03.2013

Hormesis und Linear Non-Threshold Modell (LNT):
http://www.bfs.de/de/ion/wirkungen/hormesis.htm (10.10.2014);
http://de.wikipedia.org/wiki/Hormesis (10.10.2014); http://www.energie-
fakten.de/pdf/hormesis.pdf (10.10.2014); Aufsatz „Hormesis – Wie wirkt
Niedrigstrahlung?" von Ludwig Feinendegen: http://www.energie-

fakten.de/pdf/hormesis.pdf (10.10.204); Edward J. Calabrese and Linda A. Baldwin: „Hormesis – The Dose-Response Revolution" (2003): http://scholarworks.umass.edu/cgi/viewcontent.cgi?article=1001&context=calabrese_edward; ferner http://www.deutschlandradiokultur.de/nulltoleranz-und-hormesis.993.de.html?dram:article_id=154365 (10.10.2014);

Windkraft ist nicht beherrschbar: die schönsten brennenden Windkrafträder unter https://www.youtube.com/watch?v=wfzgIxMEo8g (Version vom 1. September 2016)

VERGLEICHSWERTE

Personendosimetrie

0,0003 mSv pro Jahr = 0,3 µSv maximale rechnerische zusätzliche Jahresbelastung pro deutschem Bürger durch deutsche Kernkraftwerke;

0,03 mSv = 30 µSv beträgt in etwa das Risikopotenzial beim Rauchen *einer* Zigarette;

2,5 mSv/a durchschnittliche natürliche Strahlenbelastung pro Person in Deutschland Schwankungsbreite 1-10 mSv);

7,5 mSv/a durchschnittliche natürliche Strahlenbelastung pro Person in Finnland;

10 mSv: Strahlenbelastung durch eine Ganzkörper-Computer-Tomographie;

20 mSv/a: maximal zulässige Jahresdosis bei radiologisch oder kerntechnisch beruflich tätigen Personen in Deutschland;

über 20 mSv im März 2011 bei 92 Tepco-Mitarbeiter und 32 von Fremdfirmen, davon:

> 150–200 mSv bei 26 Tepco-Mitarbeitern und Arbeitern von Fremdfirmen,
>
> 200–250 mSv bei 9 Tepco-Mitarbeitern und Arbeitern von Fremdfirmen.
>
> 170–180 mSv bei 3 Tepco-Arbeitern im März 2011;

unter 100 mSv Ganzkörper-Einzeldosis gibt es keinen Beweis für Gesundheitsschäden;

200 mSv direkt auf die Gebärmutter in den ersten drei Monaten der Schwangerschaft: Verdoppelung der Missbildungsrate auf 3 Prozent aller Schwangerschaften;

400 mSv: maximal zulässige Lebensarbeitszeit-Zusatzexposition bei radiologisch oder kerntechnisch beruflich tätigen Personen in Deutschland;

1.000 mSv-Einzeldosis: Verdoppelung der Mutationsrate in der Zellteilung;

ab 1.000 mSv kumuliert: fünf zusätzliche Todesfälle pro 100 Personen als Spätfolge (japanischen Atombombenopfer);

über 2.000 mSv Gesamtkörper-Einzeldosis: Schäden am Knochenmark und einer Erhöhung der Leukämierate sind messbar;

2.000–3.000 mSv an den Füßen zweier Aufräumarbeitern.

4.000 mSv-Ganzkörperdosis: nur die Hälfte überlebt.

6.000 mSv-Ganzkörperdosis fast immer tödlich.

Messungen in und um Fukushima herum

0,285 Mikrosievert pro Stunde (μSv/h) = Jahresdosis 2,5 Millisievert (mSv/a), entspricht der natürlichen Radioaktivität in Deutschland und Japan (Schwankungsbreite 0,1141–0,5707 μSv/h).

0,85 μSv/h = 7,5 mSv/a: natürliche Radioaktivität in Finnland.

1,25 μSv/h = Jahresdosis 11 mSv/a in 20 Kilometer Entfernung vor dem Reaktor im Sommer 2011.

58,8 μSv/h, Höchstmesswert um Fukushima herum Mitte April 2011, einige wenige Werte lagen um 30 μSv/h herum, die meisten Werte betrugen nur zwischen 0,5 und 1,5 μSv/h (1,5 μSv/h = Jahresdosis 13,1 mSv/a).

112 μSv/h = Jahresdosis 981 mSv/a in 1,5 Kilometer Entfernung vor dem Reaktor im Sommer 2011.

$$* * *$$

Danksagung

Ich danke Herrn Dipl.-Ing. Johannes Naumann (Hennef) für Hilfe beim Korrekturlesen. Er ist Vorsitzender der Initiative Seriöser Klimaschutz (www.InSerKS.de). Ein weiterer Dank geht an Diplom-Physiker Dr.rer.nat. habil. Dietmar Zappe und an Herrn Klaus Ermecke, Inhaber von „KE Research – Die Andersdenker" (82024 Taufkirchen) und Autor der Schrift *Das deutsche Fukushima-Desaster* (Oktober 2011).